改訂版

英語学習のメカニズム

第二言語習得研究にもとづく効果的な勉強法

廣森友人 著

Mechanisms for learning English
— Revised edition

大修館書店

はじめに－初版まえがき

　私がはじめて「第二言語習得」(Second Language Acquisition: SLA)という言葉を目にした（耳にした）のは，大学の学部を卒業するころのことである。大学では教育学を専攻し，将来は小学校の教員になることを目指していたが，アメリカへの交換留学を機に，中学校・高校の英語教員にも興味を持ち始めていた。ちょうどそのころ，「第二言語習得」という学問分野があることを知り，「第二言語習得のメカニズムやプロセスがわかれば，中学生や高校生は英語を完璧にマスターできるはずだ！」と胸を躍らせ，大学院への進学を決意した。それ以降，第二言語習得研究について学べば学ぶほど，そこで得られた研究成果は英語学習や英語指導に役立つと強く確信するようになった。

　第二言語習得とはどのようなメカニズムを持つ心理現象なのか。人はどのようなプロセスを経て英語を身につけるのか。そのプロセスに基づいた学習を行えば，人は誰しも英語を習得できるのか。このような疑問に対して，第二言語習得研究によるこれまでの研究成果はある程度，筋の通った「解答」を用意できる。

　本書では英語を学ぶ学習者，あるいは英語学習に興味・関心を持つ読者を対象に，第二言語習得に関する最新の知見に基づいた効果的な英語の勉強法について述べていく。本書の特徴は大きく 2 点ある。

　第二言語習得研究が本格化して以来，そこでの研究成果には大きな学問的関心と社会的期待が寄せられている。その顕著な例としては，第二言語習得に特化した学会が設立されたり（日本第二言語習得学会(J-SLA)；2001 年 3 月設立），第二言語習得に関する各種セミナーや講演・ワークショップが全国各地で毎月のように企画・実施されたり，関連する書籍がいくつも出版されたりといったことが挙げられる。これら

一連の活動自体が英語（教育）関係者にとって有益であることは間違いないが，一方で共通して見られる課題もあるように感じられる。その典型は「対象とする層」である。

　例えば，近年は日本語で書かれた文献のなかにも，第二言語習得研究から得られた成果をわかりやすくまとめた書籍が増えている（代表的なものとして，村野井, 2006; 佐野・岡・遊佐・金子, 2011; 白畑・若林・須田, 2004）。これらのなかには英語教師として知っておくべき事柄が数多く書かれており，「英語をどのように指導したらよいのか」に関する具体的な示唆が得られるものが多い。しかし，それらの大半はあくまで指導者側の視点から論じられており，英語学習者の立場に立って書かれたものはそれほど多くはない。

　第二言語習得の研究成果をもう少し柔らかくかみ砕き，英語教師のためではなく，英語学習者（とくに大学生）が英語を学ぶにあたって知っておきたい第二言語習得の本を書けないだろうか。イメージで言えば，従来の第二言語習得に関する書籍が「英語学習：英語指導」＝「3：7」あるいは「4：6」だとすれば，「英語学習：英語指導」＝「7：3」あるいは「8：2」といった形で伝えることはできないだろうか。そうすればより身近に，第二言語習得研究の成果を英語学習者にも感じてもらうことができるのではないだろうか。これが本書を書こうとした動機であり，本書の特徴の1つでもある。

　本書のもう1つの特徴は，「対象とするトピック」である。これまでの第二言語習得に関する書籍は，研究から得られた理論や知見を一般化した形で，その多くは研究から学習や指導へトップダウン的に提示されることが多かった。

　例えば，先に紹介した代表的な書籍では，第二言語習得研究の成果をもとに，理論に裏づけされた英語学習・指導のあり方が具体的な提案とともに示されている。これらは第二言語習得研究ではいずれも基礎・基本であり，第二言語習得の「普遍性」を具体化したものだと言える。しかしその一方で，実際の学習や指導は，必ずしも普遍的な原理・原則だ

けでうまく行くわけではない。教室の中に 40 人の学習者がいれば，40 通りの学び方や気づき方が存在するとも考えられる。山の登り方がいくつもあるように，英語学習を成功に導くルートもいくつもあるはずである。

こういった学習者の「多様性」にもう少し焦点をあてられないだろうか。先と同様のイメージで言えば，従来の第二言語習得に関する書籍が「英語学習の普遍性：英語学習の多様性」＝「8：2」あるいは「7：3」だとすれば，「普遍性：多様性」＝「6：4」あるいは「5：5」といった形で伝えることはできないだろうか。これが本書を書こうとしたもう 1 つの動機であり，本書のもう 1 つの特徴でもある。

中高大を含む学生（学習者）の皆さんには自らの勉強法を振り返りながら，教員（指導者）の皆さんには自らの指導実践をイメージしながら，大学院生や研究者の皆さんにはこれまでに得られた研究成果に照らし合わせながら，より有効な英語学習・指導のあり方について，具体的な考えを持ち実践できる一助に本書がなればと願っている。

本書の構成

以下，本書の内容を簡単に紹介する。

第 1 章では，英語の使用者数やインターネット上の主要言語を手がかりに，英語を取り巻く現状，ならびに日本社会を取り巻く英語の現状を整理する。つぎに，第二言語習得研究とはどういった学問なのか，その特徴や主要な研究アプローチについて確認する。どの学習者にも広くあてはまる言語習得の基礎・基本と，学習者の個性や適性に応じた勉強法をバランスよく取り入れることで，英語学習の効率を最大化できることを指摘する。

第 2 章では，「日本人は英語ができない」というのは本当か，もし本当にそうだとすれば，なぜできないのかについて，これまでの第二言語習得研究で得られた知見に基づきながら考察する。さらに，第二言語習

得（学習）とはどのような認知プロセスを経て進むのか，その概要を確認することによって，次章以降への橋渡しとする。

第3章では，第二言語習得におけるインプットの役割に焦点をあてる。そもそもインプットがなければ，何も始まらないというのは直感的には理解できるが，なぜ，あるいはどのようにインプットは第二言語の習得を促進するのか。第二言語習得の認知プロセスに照らし合わせながら，そのメカニズムについて検討する。さらに，第二言語習得を促すインプットの条件を押さえたうえで，そのような条件を満たした英語学習の進め方について，具体例を挙げながら紹介する。

第4章では，第二言語習得におけるアウトプットの役割に焦点をあてる。ここでは，第二言語習得において，アウトプットがどのような役割を果たしているのか確認することを通じて，効果的な英語学習はインプットだけでは不十分であることを指摘する。さらに，第二言語習得を促すアウトプットの条件を押さえたうえで，そのような条件を満たした英語学習の進め方について，実際に例を挙げながら紹介する。

第3章，第4章では，第二言語習得の認知プロセスを促進するインプットとアウトプットの特徴をその「質」と「量」といった観点から理解することで，より効果的にインプット・アウトプット活動を行う方法について，具体的な示唆を得ることができる。

ここまでの章では，第二言語習得における認知プロセス，そのプロセスを活性化するインプット・アウトプットといったように，第二言語習得の普遍的な側面を取り上げる。しかし，先述したように，実際の英語学習には多種多様なカタチが存在する。したがって，これ以降の章では学習者が持つそのような多様性に焦点をあてる。

第5章では，第二言語習得に影響を与える学習者要因のなかでも，とりわけ重要な役割を果たすと考えられる動機づけに焦点をあてる。まず，英語学習における代表的な動機づけを整理した後，そのような動機づけがどういった発達プロセスを経て変化するのかについて確認する。ここでは実際のデータを示しながら，全体的な傾向を示す平均だけでは

個々の学習者像は捉えられないこと，すなわち，一般化された普遍的な原理・原則だけでは説明できない学習者の多様性が存在することを指摘する。最後に，時間の経過とともに低下する動機づけを高める方略について，学習者の多様性に留意しながら検討する。

第6章では，学習方法（学習方略）を取り上げる。はじめに，そもそも「学習」とはどういった現象なのかを改めて確認したうえで，英語学習における代表的な学習方略を紹介する。つぎに，学習成果を上げている学習者は学習方略をどのように使用する傾向があるのか，実際のデータを示しながら検討する。ここでは動機づけが高くても，自分自身の学習方略に対する自覚が低ければ，必ずしも思ったような学習成果が得られないこと，学習方略は使えば使うほど良いというわけではなく，状況に応じて，方略のレパートリーのなかからベストな方略を選択的に使い分けることが重要であることを指摘する。最後に，そのような主体的な方略使用を支える「メタ認知」や「自律学習」という概念を取り上げる。効果的な英語学習を実現するためには，学習者が自らの学習プロセスに積極的かつ継続的に関与することが必要になるが，メタ認知や自律学習はそのようなプロセスにおいて中心的な役割を果たす。

第7章では，学習スタイルを取り上げる。まず，私たちはたとえ同じものを見たとしても，必ずしも同じように認識・解釈するとは限らないこと，その背景には学習スタイル（認知スタイル）の違いが起因している可能性があることを指摘する。つぎに，英語学習における代表的な学習スタイルを整理したうえで，スタイルには性格や認知スタイルのように生得的（安定的）な要因や，学習環境・学習活動に対する好みのように後天的（不安定的）な要因があることを確認する。続けて，学習スタイルのなかでも多くの研究がなされている内向性−外向性と学習成果の関連について，言語習得に関する代表的な仮説の観点から検討する。最後に，どのような学習スタイルを持った学習者にはどのような指導法や教材が最適なのかといった，個人差に応じた学習支援を考えるうえで重要な視点を与えてくれる「適性処遇交互作用」という概念を紹介し，

指導者，学習者ともにつねに好みのスタイルに固執するのではなく，状況に応じて，自らの指導／学習スタイルを柔軟に変えていくことが重要であることを指摘する。

また本書では，各章末に「章末課題」，「文献案内」，「コラム」を設けている（これが本書3つ目の特徴になればと考えている）。

各章末課題では，各章で取り上げた重要なキーワードを確認する問題，取り上げた内容について自分自身の考えを深める応用的な問題を用意している。文献案内では，さらに進んだ学習に取り組みたいと考える読者のために，より発展的な文献を紹介している。各コラムでは，1つの章を使って紹介することはできなかったものの，第二言語習得を考えるうえで重要なトピック（計7つ）を取り上げている。言語適性（言語学習の才能・センス），臨界期（言語学習に最適な時期），動機減退（やる気を低下させる要因），語彙学習（語彙の効果的な増やし方），性差（言語学習における性差の有無）など，どれも英語教師のみならず，英語学習者なら誰しも気になるトピックばかりのはずである。各コラムを通じて，多くの読者が第二言語習得研究の魅力をさらに身近なものに感じていただければと思う。

本書の執筆に際しては多くの方々の協力や励ましを得た。ここにすべての方のお名前を挙げ感謝の意を表することはできないが，関係するすべての皆さんに改めてお礼を申し上げたい。本書で扱っている内容は，私が勤務する明治大学国際日本学部・大学院国際日本学研究科での授業がベースになっている。いつも真剣なまなざしで授業を受け，貴重なフィードバックをくれる学生，院生の皆さんには心から感謝している。また，第二言語習得研究の面白さや奥深さを教えていただいただけでなく，研究や教育に対する姿勢について大所高所からアドバイスをくださる恩師の河合靖先生（北海道大学），職場の同僚として，いつも温かい励ましや助言をくださる尾関直子先生，大須賀直子先生，Kate Allen 先生，ともすれば仕事のことばかり考えがちな私の心と体を支え続けてくれる妻の一美には心より感謝している。

　最後になるが，大修館書店の北村和香子氏には本書の企画から編集まで大変お世話になった。本書執筆の「きっかけ」ともなった村野井（2006）でも編集の労を取られた北村氏と仕事をさせていただく機会を得られたことは，私にとって大変ありがたく頼もしかった。ここに改めてお礼を申し上げたい。

2015 年 10 月

廣森友人

はじめに－改訂版に寄せて

　本書の初版は 2015 年に刊行された。それ以降，幸いにして，多くの一般読者の手に取っていただいただけでなく，各地の大学等において授業用のテキストとして採用していただいた。著者として，心から感謝申し上げたい。

　本書はその後の第二言語習得研究における著しい進展，またこの間に行われた学習指導要領の改訂（小学校では 2020 年度，中学校では 2021 年度から全面実施，高校では 2022 年度の入学生から年次進行で実施）を受け，初版の内容をアップデートしたものである。

　改訂版を執筆するにあたっては，初版の特徴を引き継ぐとともに，とりわけ以下 3 点については大きな修正・変更を行った。

(1) 各種統計データや文献情報を大幅にアップデート（巻末の引用文献は，全体の約 3 分の 1 を入れ替え）

(2) 初版以降の研究の進展を反映したアップデート（各章末に研究の最前線を紹介するコラムを新たに掲載）

(3) コンパニオン・ウェブサイト（https://www.taishukan.co.jp/item/mfle_revised/）の立ち上げ（本書の目次，文献案内，授業／自学用資料等を掲載）

　初版では，第二言語習得研究から得られる実践的な原理・原則を幅広く紹介する（第 2〜4 章）とともに，多様な個性・適性を持った学習者の個人差にも注目する（第 5〜7 章）ことを念頭に執筆したが，その後の研究は「SLA 研究の最前線 1」（本書 15 ページ）で述べるように，上記 2 つの側面で大きな発展・進化を遂げてきた。今回の改訂版では，このような最新の研究動向を踏まえ，英語学習の効果をさらに高める効

果的な勉強法のヒントを探っていく。

　初版に引き続き，本書改訂版が多くの読者の英語学習を少しでもサポートしてくれることを願っている。

　最後になるが，改訂版の刊行にあたっては初版同様，大修館書店の北村和香子氏にお世話になった。ここに重ねてお礼を申し上げたい。

2023 年 4 月

廣森友人

コンパニオン・ウェブサイトの使い方

　本書は，授業／自学用のハンドアウトやスライド，「練習問題」のワークシートなどをダウンロードすることができるコンパニオン・ウェブサイトを用意しています。

・ウェブサイト上の資料等は予告なく，追加・修正・削除等されることがありますので，あらかじめご了承ください。

・ダウンロードした各種資料は，教材としてダウンロードした個人が活用することのみを目的としています。第三者への再配布，ホームページ等での公開はお控えください。

https://www.taishukan.co.jp/item/mfle_revised/
ダウンロードできる資料
● 1 〜 7 章の内容をまとめたスライド（PowerPoint）
● 1 〜 7 章の内容理解のためのハンドアウト（Word）
● 3 〜 6 章の「練習問題」ワークシート（Word）

目次

改訂版　英語学習のメカニズム

第二言語習得研究にもとづく効果的な勉強法

1 「グローバル社会」の英語教育

本章ではまず英語の使用者数に関するデータを手がかりに，英語を取り巻く現状について整理する。つぎに，日本社会と英語のかかわりの歴史を「親英」「反英」という観点から確認する。最後に，第二言語習得研究とはどのような学問なのか，その概要や研究アプローチについて紹介する。
第二言語習得研究の成果を「普遍性」「多様性」という 2 つの視点から理解することで，より効果的な英語学習・英語指導が可能となる。

1.1. 英語を取り巻く世界の現状は？

近年，日本社会において英語の存在感が日増しに高まっている。英語公用語化こそ実現には至っていないものの，企業単位での英語社内公用語化は年々進んでいる。小学校での外国語活動もこれまでは小学 5～6 年において年 35 時間行われていたのに対し，2020 年からは小学 3～4 年で外国語活動として年 35 時間，小学 5～6 年では教科化されて年 70 時間が授業に割り当てられている。

このように日本社会の英語化（**Englishnization**; 三木谷 , 2012）は加速度的に進行しているように見受けられるが，国際社会において英語を取り巻く現状はどうなっているのだろうか。

英語の正確な使用者数を特定することは，それほど容易ではない。例えば，「英語を話せる」といった場合，どの程度なら話せると認めてよ

いのかについては絶対的な基準があるわけではない。また，**ピジン言語**（Pidgin language: 2つ以上の言語が交じり合い，単純化されてできた言語）や**クレオール言語**（Creole language: ピジン言語を母語として習得した子どもたちの話す言語）など，英語には多くの変種が存在するが，それらの変種を話す話者も英語話者に含めるのかどうかによって，数字は大きく変わってくる。

そのような限界を認めたうえであえて推定するならば，アメリカやイギリスなどのように英語を第一言語として話す人口は約4億人，インドやシンガポールなどのように英語を**第二言語**（second language: 目標言語が使用されている国や地域に住んで，その言語を習得しようとする場合）として使う人口は同じく約4億人，また日本や中国，フィンランドなどのように英語を**外国語**（foreign language: 目標言語が使用されていない国や地域に住んで，その言語を学習しようとする場合）として使う人口は約6〜7億人と言われている（Crystal, 1997, 2006）。世界の人口が約78億人だとすると，5人に1人が英語を話すという計算になる。さらに，その後の調査によれば，英語は約17.5億人に実用レベルで使われているといった報告（British Council, 2013）もあり，英語の使用者数が年々増え続けていることがよくわかる。

つぎに，インターネット上の英語の利用状況について見てみよう。次ページの**図1-1**はInternet World Stats（インターネットの利用に関する統計情報を提供しているサイト）を参考に，インターネット上で利用されている言語のトップ10についてまとめたものである。上の図は現在入手できた最新のデータ（2020年3月発表時）での利用者数，下の図は同様のデータに関して全体に占める各言語の割合を示しており，インターネット上での英語の利用者は約26%である。中国でのインターネット普及に伴う中国語の伸び，ならびに利用者の多言語化の影響も見られるが，それでもなお，いまだにインターネット上の言語の4分の1以上が英語であるという事実は，いかに世界の多くの人々が英語を利用しているかを実感させる。

3

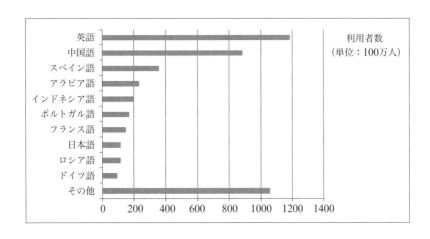

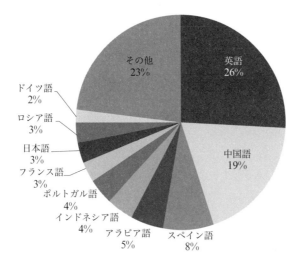

図 1-1：インターネット上の主要言語トップ 10
（Internet World Stats（2020）をもとに作成）

　では，今度はスポーツの世界に目を転じてみよう。2021 年には東京を中心に夏季オリンピックが開催されたが，読者の皆さんはオリンピックの公式言語をご存じだろうか。じつは『オリンピック憲章』の第 2 章 23 条（1）には，「IOC（国際オリンピック委員会）の公用語は，フ

ランス語と英語である」と明記されている。フランス語については意外に思われた読者も多いかもしれないが，近代オリンピックの礎を築いたとされるのは，フランスのクーベルタン男爵だと言われており，これに敬意を表して，フランス語が公用語となっている。しかし，それと並んで公用語とされるのはやはり英語である。

また，サッカーのワールドカップでは英語，ドイツ語，スペイン語，フランス語が公式言語であるが，2006年開催のドイツ大会以降，レフェリーの公式言語は英語のみとなった。このように分野を問わず，英語は国際社会において確固たる地位を築いていることがわかる。

1.2. 日本社会を取り巻く英語は？

では，日本社会においてはどうだろうか。大谷（2007）は日本人が英語に対して「親英」と「反英」を幾度となく繰り返してきたことを，歴史的事実に基づき緻密に議論している。

大谷によれば，日本人は終戦後（1945年以降），「鬼畜米英」「敵性英語」から手のひらを返して「一億総英語会話」に急変した。この時期，義務教育に英語が導入され（1947年），英語の「国語化」論が起こる（1950年）。その後，高度成長を達成し，日本人が自信を回復し始めると，英語熱は徐々に冷め始める。『ジャパン・アズ・ナンバーワン』といった著書が発表されたのもこの時期である（1979年）。

しかし，90年代に入りいわゆるバブル経済が崩壊するやいなや，英語への異常なまでの接近を再開する。2000年の施政方針演説で故小渕恵三元首相は，「21世紀には，日本人が英語で意思疎通できるようになるべきである」と述べ，英語の「第二公用語化」論（2000年）が起こる。その後，文部科学省からは英語教育に関する提言がいくつも出され（『「英語が使える日本人」の育成のための戦略構想』（2002年），『「英語が使える日本人」の育成のための行動計画』（2003年）），現在もその流れが続いている（「国際共通語としての英語力向上のための5つの提言と具体的施

策」(2011年),「グローバル化に対応した英語教育改革実施計画」(2013年),また最近では「英語教育・日本人の対外発信力の改善に向けて（アクションプラン）」(2022年) など）。

このように日本が引き続き「親英」を志向する背景にあるのは，日本経済に対する不安に他ならないだろう。バブル経済崩壊後，日本は約20年にわたりデフレを経験してきたが，そこから脱却できる見通しはいまだ立っていない。それどころか，この先20〜30年後にはより厳しい状況に直面している可能性すら指摘されている。

図1-2はIMF（国際通貨基金），図1-3はイギリスのPWC（プライスウォーターハウスクーパース：世界最大規模のコンサルティング会社）が発表した，グローバル経済に関するレポートの一部である。ここでは2020年と2050年における各国のGDP（前者は実測値，後者は予測値）が示されている。経済産業省発表のデータによれば，世界経済のなかで日本のGDP比率がもっとも高かったのは，1994年ならびに1995年の18%であった。その後は下降の一途をたどり，2010年には8.5%となっている（以上，経済産業省発表によるデータに基づく）。上記のレポートではその比率が2020年には6%に下がり，2050年にはなんと2%まで落ち込むことが予測されている。

上記と類似したGDP予測はいくつか公表されている。例えば，2011年にアメリカのシティグループ（金融グループ），2012年に日本の21世紀政策研究所（日本経済団体連合会（経団連）が設立したシンクタンク），また2019年には三菱総合研究所の政策・経済研究センターが「未来社会構想2050」を発表しているが，その全体的傾向はいずれも先に挙げたレポートと大きく変わらない。

このような予測どおり，世界における日本の相対的な地位や存在感の低下は避けられないのだろうか。このことについて専門的な見地から評価を行うことは，本書の射程を超えている。ただし少なくとも明らかなことは，先述した背景を受け，これまで以上に産業・経済界のみならず，幅広い分野から英語（教育）が期待を寄せられているという点である。

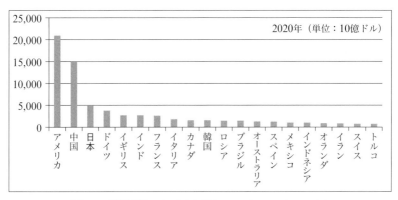

図 1-2：世界経済における各国の GDP シェア（2020 年）
（IMF WEO Database（2021）をもとに作成）

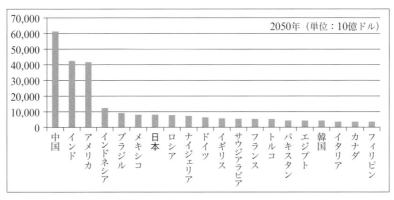

図 1-3：世界経済における各国の GDP シェア予測（2050 年）
（PWC（2017）をもとに作成）

この先，ますます進むであろうグローバル社会を生き抜くためには，英語の運用能力は必要不可欠なはずである。あるいは，英語で仕事ができれば，日本経済は必ずや（再）浮上するはずである。このような期待が，私たちをかつてないほどの「親英」へと駆り立てている。

1.3. 第二言語習得とはどのような学問分野か？

　上記のような認識から，近年は英語を中心とする第二言語・外国語教育，なかでもそのようなテーマに科学的な観点からアプローチしようとする**第二言語習得研究**（Second Language Acquisition (SLA) Research）に対する学問的関心や社会的期待が高まっている。第二言語習得研究とは文字どおり，第二言語習得のプロセスやメカニズムを実証的に解明しようとする学問である。第一言語（母語）の習得でさえ非常に複雑な現象だが，第二言語の習得となるとなおさらである。したがって，第二言語習得の全容を明らかにするためには，1つの学問分野だけではなく，さまざまな視点から現象の記述・説明を試みる必要がある。

　例えば，第二言語習得研究は「ことば」を研究の対象とすることから，言語学の知見が必要となる。さらに，言語が処理されるプロセスや記憶・学習されるメカニズムについて調査するためには，心理学の知見が役立つ。言語は私たちが生活する社会と切り離すことはできないことから，その使用の実際を理解するには，社会学の知見が必要になる。言語を効果的に指導しようと思えば，教育学の知見が役立つはずである。また近年は，言語が脳内でどのように処理されているのか，脳科学の知見に基づいた研究も増えつつある。一口に第二言語習得研究と言ってもその中身はじつに多様であり，学際的な研究分野であることがよくわかる。

　このような特徴を持つ第二言語習得研究は，大きく2つのアプローチに大別できる。第1は，第二言語習得における原理・原則，すなわち**普遍性**（universality）を明らかにしようとする研究である。例えば，これまで第二言語習得のモデルはいくつか提案されているが（Ellis, 1994, 2008; Gass, 1997; Mitchell et al., 2019; VanPatten et al., 2020），なかでも代表的なモデルと考えられる Gass（1997, 2013）では，第二言語習得に係る認知プロセスを，①情報を短期記憶に保持する「気づき」（noticing），②保持した情報を意味，形式，機能など多様なレベルで処

理する「**理解**」(comprehension)，③理解した情報を中間言語へ取り込む「**内在化**」(intake)，④取り込んだ知識を長期記憶として貯蔵し，処理の自動化を図る「**統合**」(integration) といった 4 つのプロセスから成るものとして捉えている（詳細は，第 2 章参照）。このような認知プロセスを促進するインプット（第 3 章），アウトプット（第 4 章）の特徴を明らかにできれば，第二言語の習得をより効果的に促進できるものと考える。

一方，第 2 のアプローチは，上記のような普遍的な原理・原則だけでは説明できない学習者の**多様性** (diversity) に焦点をあてようとする研究である。

従来，第二言語習得研究の主たる関心は，言語習得に関する一般化可能な側面に向けられてきた。そのことを象徴する一例として，現在でも第二言語習得研究の代表的な著書として読まれ続けている Ellis (1994, 2008) では全体のページ数の約 10% 程度でしか学習者の多様性（個人差）を扱っていない。このことはこれまでの研究がいかに普遍性を志向してきたか，ともすれば個人差はノイズとして見なされてきたかを如実に物語っている。

しかしながら，ふと教室に目を転じれば，同じ教師，同じ教科書，同じ学習時間，同じ学習開始年齢だからといって，必ずしも同じような学習成果が得られていない学習者の姿を，私たちは容易に思い浮かべることができる。言うまでもなく，学習者に内在する要因（学習者要因）も第二言語習得において無視できない役割を果たしているのである。例えば，Masgoret and Gardner (2003) は，**動機づけ** (motivation; 第 5 章) だけで第二言語の授業における学習成果（成績）の約 14% が説明できるとしている。同様に，学習者の学習の仕方（**学習方略**：learning strategy; 第 6 章）や，学習に取り組むうえでの大まかな好み（**学習スタイル**：learning style; 第 7 章）などが学習成果に影響を与える可能性があることは想像に難くない。

学習者要因，あるいは学習者の多様性を形成する個人差要因には上記

以外にもさまざまなものが考えられるが（詳細は Li et al.（2022）など
を参照），これら個々の要因は密接に関連し合っていることを忘れては
ならない。例えば，優れた学習者になるためには，動機づけがあるだけ
で十分だろうか？　動機づけがあっても，学習の仕方がわからない場合
はどうだろう？　あるいは，学習者の年齢は，動機づけや学習方法に影
響を与えるだろうか？　本書では，わかりやすさを優先し，個々の学習
者要因をそれぞれ別々の章で取り上げているが，本来は包括的に捉える
べきであることには注意が必要である。

　以上のように，本書では，上記 2 つのアプローチ（普遍性と多様性）
で行われてきた第二言語習得研究の最新の知見に基づき，英語の効果的
な学び方について考えていく。どの学習者にも広くあてはまる言語習得
の基礎・基本（普遍性）と，学習者の個性や適性（多様性）に応じた勉
強法をバランスよく取り入れることで，英語学習の効率を最大化しよう
というのが本書の大きな狙いである。

練習問題

●復習編

(1) 本章で紹介したデータによれば，現在のインターネット上の英語の
　利用者数は全体の何 % を占めるでしょうか。

(2) 第二言語習得研究は「学際的」な研究分野だと言われていますが，
　その理由はなぜでしょうか。

●応用編

　本章では，第二言語習得の多様性に影響を与える要因として，学習者
の動機づけ，学習方略，学習スタイルを取り上げています。この他には
どのような要因が考えられるでしょうか。

文献案内

(1) Crystal, D. (2003). *English as a global language* (2nd ed.). Cambridge University Press. 國弘正雄（訳）(1999).『地球語としての英語』みすず書房.

　英語研究の第一人者による，まさにバイブル的な一冊。英語が現在のように世界の多くの国・地域で使われるようになった経緯をわかりやすくまとめています。なお，翻訳は原書初版（1997）の訳になります。

(2) 堀田隆一（2016).『英語の「なぜ？」に答える はじめての英語史』研究社.

　英語にまつわる素朴な疑問（例：なぜ name は「ナメ」ではなく「ネイム」と発音されるのか？）について，英語の歴史を踏まえながら平易に答えてくれる良書。英語史について背景知識のない読者でも，英語の歴史が辿ってきた物語に引き込まれるはずです。

仕事で使える英語力とは？

現在，大学 3 年生です。卒業後は英語を使った仕事に就きたいと思っています。どの程度，英語を使いこなせれば，将来の仕事に活かせるでしょうか。

　英語に興味・関心があったり，英語が得意だったりする方なら，一度は上記のような疑問を持たれたことがあるのではないでしょうか。国内外を問わず，さまざまな分野で英語を使って活躍している日本人は数多くいます。塩見（2007a, 2007b）は，その具体例として，国連職員，同時通訳者，翻訳者，中高大学教員，ミュージシャン，ホテルマン，IT コンサルタント，コンピュータエンジニアなど，計 101 名の仕事と英語に関する体験をまとめています。

　では，これらの仕事において，どの程度の英語力が必要となるのでしょうか。もちろん，各分野，各職種によって求められる英語力はさまざまですが，以下では「企業が求める英語力」に焦点をあてます。

　楽天や日産，ファーストリテイリング（ユニクロなど）のように，社内の公用語を英語にしている（あるいは英語公用語化を発表している）企業は年々増えています。また，そこまで踏み込まずとも，生産拠点を海外に移したり，多様な国籍を持つ人材を採用したりといったことは多くの企業で行われています。このように近年，加速的にグローバル化が進行する企業においては，実際にどの程度の英語力が求められているのでしょうか。

　小池ら（2010）では，「企業等で活躍する社会人が国際実務で対等かつ十分に交渉力を発揮するために持つべき英語力，交渉力の信頼すべき到達目標が明確ではない」（p. 31）といった問題意識に基づき，国際実務に従事中，あるいはその経験があるビジネスパーソン計 7,354 名を対象にした，比較的大規模なアンケート調査を行っています。対象者の大まかな特徴は，次ページの表 1-1 のとおりでした。

表 1-1：**調査対象者のプロフィール**（小池ら（2010, p. 37）をもとに作成）

性別	年齢	学歴	所属企業	職種
男 58.1%	20代 21.9%	大学院博士課程修了 2.8%	東証1部上場民間企業 32.0%	技術 21.5%
女 41.9%	30代 46.4%	大学院修士課程修了 17.0%	その他の民間企業 54.0%	販売 14.3%
	40代 24.2%	大学学部卒業 65.1%		研究・開発 14.0%

業種	役職	系統	海外駐在経験	海外出張経験
サービス 65.6%	一般職員 52.7%	日系企業 70.4%	ある 20.0%	ある 52.2%
情報通信 12.3%	専門職 12.6%	外資系企業 27.0%	ない 79.9%	ない 47.8%
その他 14.6%	課長 11.5%			

(注：表中の数値は原典のまま。主要なカテゴリのみを取り上げているため，各内訳の合計は必ずし
も 100%にはならない。)

　調査の結果から，日本人ビジネスパーソンの英語力の実態，自己評価によ
るビジネスパーソンの英語力に加えて，国際ビジネスに必要なスキル，ビジ
ネスパーソンが要望する日本の英語教育などが明らかにされています。ここ
でその詳細を紹介することはできませんが，実際に国際実務に従事していた
り，その経験があるビジネスパーソンが考える「職場で使える英語力」は，
つぎの3点に集約されることがわかりました。すなわち，(1) 英語でプレ
ゼンテーションができる，(2) 英語でビジネス上の交渉ができる，(3)
TOEIC® で最低 800 点以上取ることができる，の3点です。
　この結果は，私たちが英語を学ぶうえで多くのヒントを与えてくれている
ように思います。まず，仕事で英語が使えるといった場合には，事前に調査
した結果などを英語でまとめ，それを英語で適切に伝えられる必要があるこ
と。ただし，それだけでは不十分であり，ビジネスシーンでは時として，価
格，期限，条件などの面で相手と交渉・説得するといったことが求められる
こと。したがって，日頃から職場の上司と部下，同僚同士，あるいは顧客先
をイメージしたロールプレイの練習をしておくことは，実践的な英語力を身
につけるうえで大きな効果が期待できます（例：A（上司）がオフィスにい
ると，B（部下）が訪ねてきた。AはBの能力を高く買っており，将来は重
要なポストを任せたいと思っている。Bは他の会社からより良い待遇を条件
に引き抜かれたため，今月中に現在の会社を辞めることをAに伝える）。さ

らに，こういった英語力を客観的な指標と照らし合わせて確認したい場合は，TOEIC® 800 点というのが 1 つの基準として使えそうだということです。

　ところで，上記は企業が求める英語力ですが，私を含めた英語教員に求められる英語力とはどの程度でしょうか。2003 年に文部科学省が発表した「『英語が使える日本人』の育成のための行動計画」では，生徒だけでなく，英語教員に求められる英語力の到達目標も設定しています。具体的には，CEFR で B2 レベル（英検で準 1 級以上，TOEFL iBT® 80 点以上，または TOEIC® 730 点以上）としています。例年，この計画の達成状況の検証が行われ，当該レベル以上の英語教員の割合は，中学校・高等学校ともに増加傾向にあります。しかし，2021 年度時点においても，目標を達成している英語教員は中学校，高等学校それぞれで約 41%，および約 75% であり，いまだ目標に十分到達していないのが現状です（文部科学省, 2022）。

　もちろん，優れた英語教員に求められる能力・資質が，英語力だけではないことは疑いの余地がありません。しかし，私たちは誰しも，腕の良いお医者さんに手術をしてもらいたい，ピアノが上手な先生にピアノを習いたいと願うはずです。自戒の意味も込めて，日々，英語力の向上に努めなければいけないと思います。

SLA 研究の過去と現在

　第二言語習得（SLA）研究は 1970 年代に生まれた比較的若い研究分野ですが，その学問的魅力から，あっという間に多くの研究者の関心を引きつけることになりました。これまで SLA 研究に関する成果を包括的にまとめたハンドブックが定期的に出版されてきましたが，それらを年代順に比較すると，SLA 研究がどのように変遷してきたのかがよくわかります。以下に各時代の代表的な書籍を紹介しましょう。

> (1) Ritchie, W. C., & Bhatia, T. K. (Eds.) (1996).
> *Handbook of second language acquisition.*
> Academic Press.

　SLA に関するハンドブックとしては，もっとも初期のものです。大きな特徴は，言語(学)的な視点から SLA に関する諸現象を捉えようとしたチャプターが多いことです。このことは，当時の SLA 研究が言語学から大きな影響を受けていたことを象徴しています。（なお，本書は同じ編者らによって，2009 年に *The new handbook of second language acquisition* として，その改訂版が出版されています。）

(2) Doughty, C. J., & Long, M. H. (Eds.) (2003).
The handbook of second language acquisition.
Blackwell Publishing.

2000年代に入って出版された本書は，先のハンドブックとは一線を
画し，SLA は認知科学の一領域を構成する学
問分野（"... research on SLA is increasingly
viewed as a branch of cognitive science" [p.
4]）であるという立場を鮮明に打ち出しまし
た。SLA の生物学的・認知的基盤，SLA のプ
ロセスやメカニズム，リサーチメソッドなど，
扱われるトピックも学際性が高まり，SLA 研
究のすそ野が広がったことを実感できます。

(3) Gass, S. M., & Mackey, A. (Eds.) (2012).
The Routledge handbook of second language acquisition.
Routledge.

SLA の研究射程が広がる一方，とりわけ多くの注目を集めるように
なるトピックも登場します。例えば，「外国語はどのように習得される
のか」といった理論的な問いに加え，「外国語
はどのように指導・学習すればよいのか」と
いった，より実践的な問いへの関心です。ガス
とマッキーによる本書は，これまでのハンド
ブックで初めて4技能それぞれに焦点をあて
たチャプターを設けています。さらに，そのよ
うな指導・学習の効果に影響を与える個人差要
因も幅広く取り上げているのが特徴です。

(4) Loewen, S., & Sato, M. (Eds.) (2017).
The Routledge handbook of instructed second language acquisition.
Routledge.

(5) Li, S., Hiver, P., & Papi, M. (Eds.) (2022).
The Routledge handbook of second language acquisition and individual differences.
Routledge.

　SLA 研究のなかでも，指導の効果に特化した研究は**教室内第二言語習得**（Instructed SLA; ISLA）研究と呼ばれ，近年では 1 つの研究分野として確立しつつあります。そこでの研究の成果を初めて包括的にまとめたのが，ローウェンとサトウによるハンドブックです。SLA 研究がいわゆる理論的な課題だけでなく，外国語の効果的な学習法・指導法という実践的な課題にも，本格的に向き合い始めたことを象徴しています。また，従来の SLA 研究では副次的に扱われがちであった学習者の個人差にスポットライトをあて，学習のプロセスや成果と個人差がどのように関連しているかを体系的に整理したハンドブックも，リーらによって出版されています。

2 第二言語習得のプロセス

本章ではまず TOEFL iBT® のスコアを手がかりに，日本人の英語力について考察する。つぎに，その現状の原因をこれまでの第二言語習得研究の成果に基づいて分析する。最後に，第二言語習得（学習）とはどういった現象なのか，そのプロセスの概略を確認する。

第二言語習得がどのような認知プロセスを経て行われているのかを理解することで，その認知プロセスにどのように働きかければ効果的に英語を学ぶことができるのか具体的な示唆を得ることができる。

2. 1. 日本人は英語ができないのか？

　日本人の英語力を示す指標としては，しばしば TOEFL iBT® のスコアが用いられる。本書でもそれに倣い，TOEFL iBT® に完全移行された 2007 年の平均値，ならびに本書執筆時点で入手可能な最新データである 2021 年の平均値を表 2-1 に示す。なお，日本人のスコアをより深く理解するために，同じアジア圏の受験者の平均値も示してある。

　まず，日本人の平均値については，2007 年が 65 点（総得点），2021 年が 73 点（同上）となっている。この平均だけをもって「日本人の英語力」を語るつもりは毛頭ないが，TOEFL iBT® に移行直後から現在まで，そのスコアはわずかながら上昇しているようである。また，各セクションの平均を見ると，2007 年はリーディング 16 点，リスニング

表2-1：アジア諸国における TOEFL iBT® の平均値

(ETS（2008, 2022）をもとに作成。スコアは2007年の総得点を基準として降順に並べ替えてある)

アジアの国／領域	リーディング		リスニング		スピーキング		ライティング		合計	
	2007	2021	2007	2021	2007	2021	2007	2021	2007	2021
シンガポール	25	24	26	25	24	24	26	24	100	98
フィリピン	21	21	22	23	22	23	22	23	88	90
マレーシア	21	23	23	24	20	22	23	23	87	92
パキスタン	20	22	22	23	22	24	23	23	87	92
インド	20	24	21	25	21	23	22	24	84	96
バングラデシュ	19	22	21	23	21	22	22	22	83	89
スリランカ	19	22	22	22	21	23	21	22	83	89
キルギスタン	19	18	21	20	21	21	20	19	81	78
香港	18	23	20	24	20	22	22	23	80	91
中国	21	23	19	22	18	20	20	22	78	87
インドネシア	19	22	20	23	19	21	21	22	78	88
カザフスタン	17	21	20	21	20	19	20	20	77	81
韓国	20	22	20	22	18	21	20	21	77	86
ミャンマー	18	21	18	22	19	21	20	23	75	86
トルクメニスタン	16	19	20	21	20	21	19	20	75	80
ウズベキスタン	17	21	19	22	20	22	19	21	75	85
ネパール	16	20	18	22	19	22	20	22	74	85
台湾	17	23	18	23	18	20	19	21	72	87
タジキスタン	15	16	17	18	21	20	19	18	72	72
タイ王国	17	21	16	22	17	20	19	20	72	83
アゼルバイジャン	16	19	17	20	19	21	18	20	71	81
ベトナム	17	22	16	22	17	20	19	22	70	86
ブータン	14	17	16	19	20	21	18	20	69	77
朝鮮民主主義人民共和国	16	22	17	22	17	21	18	21	69	85
アフガニスタン	12	18	16	20	20	21	19	20	67	79
マカオ	15	22	16	22	17	21	19	21	66	86
日本	**16**	**19**	**16**	**19**	**15**	**17**	**18**	**18**	**65**	**73**
ラオス	13	15	16	16	18	19	18	19	65	69
モンゴル	14	21	16	22	18	21	17	21	65	84
カンボジア	13	19	15	21	17	22	18	21	63	83

16点，スピーキング15点，ライティング18点，2021年はリーディ
ング19点，リスニング19点，スピーキング17点，ライティング18
点となっている。一般に，「日本人は英語をある程度読めるが，話せな
い」と考えられがちだが，このスコアを見る限り必ずしもそうではない

ことがわかる。

つぎに，アジアの諸外国と合計点を比較してみる。物ごとは他との比較によって，その本質がより明らかになると言われるが，諸外国との比較からは日本人の平均値の低さがより際立って見える。2007年では，日本の平均値より低い（あるいは等しい）のはラオス（65点），モンゴル（65点），カンボジア（63点）のみであり，2021年ではタジキスタン（72点）とラオス（69点）のみとなっている。近隣の中国，韓国などと比較しても，その差は歴然としている。

もちろん，TOEFL iBT® は北米を中心とした英語圏の大学・大学院への留学に必要な英語力測定を目的としたものであり，近年では大学入試や大学等での単位認定，習熟度別のクラス分けなどに利用される場合も多い。したがって，繰り返しになるが，その受験者の平均をもって「日本人の英語力」とするのは無理がある。しかし，上記の結果は，「日本人は英語ができない（だろう）」と推測する根拠には十分なりえると思われる。

2.2. なぜ，できないのか？

では，日本人はなぜ英語ができないのか。その理由の1つとしてよく用いられるのは，「言語間の距離」（language distance）である。すなわち，一般に学習者の母語（第一言語）と学習対象となる言語（第二言語）が似ている（＝言語間の距離が近い）ほど，第二言語は学習しやすいと言われている。

このことは標準語と方言，あるいは同じ語族に属する言語を学習する際にもあてはまる。例えば，英語はインド・ヨーロッパ語族，そのなかでもゲルマン語派・西ゲルマン語に属する。他の西ゲルマン語の言語にはフリジア語，オランダ語，ドイツ語などがあり，例えばフランス語，イタリア語，スペイン語などは，別のイタリック語派に属する（図2-1を参照）。

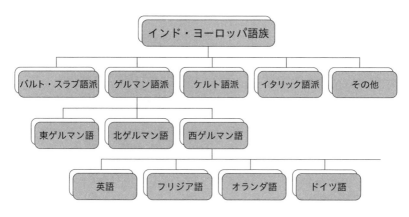

図 2-1：インド・ヨーロッパ語族の系統図（一部）
（風間（1993, p. 12-13）をもとに作成）

　一方，日本語は日本語族，そのなかでも日本語派に属しており，他に日本語族を形成するのは琉球語派（琉球語）しかない。この事実からも，日本語と英語はどうやら言語的にかなり違うものであること，そのことが日本人の英語習得を困難にしているらしいことが推測できる。

　もし，上記の推測が正しければ，その逆もまた正しいはずである。すなわち，例えば英語を母語とするアメリカ人にとっても，日本語の習得は難しいと考えられる。そのような仮説の真偽を検証するうえで，興味深いデータがある。次ページの**表 2-2**はアメリカ国務省がまとめたもので，このリストには英語のネイティブスピーカーが他の言語を習得するのにかかる大まかな時間が示されている。

　この表から，アメリカ人にとっても日本語はかなり困難な言語であること，したがって「日本人が英語ができない」のではなく，日本人にとって英語（同様にアメリカ人にとって日本語）はそもそも難しい言語であるということが推測される。

表2-2：英語ネイティブスピーカーにとっての言語難易度

(高梨 (2009)，バーダマン (2013) などをもとに作成)

カテゴリーⅠ：23～24 週間 (575～600 時間)

英語と密接に関連した言語

- -

アフリカーンス語	イタリア語	スペイン語
デンマーク語	ノルウェー語	スウェーデン語
オランダ語	ポルトガル語	
フランス語	ルーマニア語	

カテゴリーⅡ：30 週間 (750 時間)

英語に似た言語

- -

ドイツ語

カテゴリーⅢ：36 週間 (900 時間)

英語から言語的に，さらに／あるいは文化的に異なる言語

- -

インドネシア語	スワヒリ語	マレーシア語

カテゴリーⅣ：44 週間 (1,100 時間)

英語から言語的に，さらに／あるいは文化的に著しく異なる言語

- -

アルバニア語	ギリシア語	ポーランド語
アルメニア語	ヘブライ語	ロシア語
アゼルバイジャン語	ヒンディー語	セルビア語
ボスニア語	ハンガリー語 *	タガログ語
ブルガリア語	アイスランド語	タイ語 *
クロアチア語	ラトビア語	トルコ語
チェコ語	マケドニア語	ウルドゥー語
エストニア語 *	モンゴル語 *	ウズベク語
フィンランド語 *	ネパール語	ベトナム語 *
グルジア語 *	ペルシャ語	など

カテゴリーⅤ：88 週間 (2,200 時間)

英語のネイティブスピーカーにとって，習得が非常に難しい言語

- -

アラビア語	北京語 (中国語)	韓国語
広東語 (中国語)	日本語 *	

注) アスタリスク[*]がついている言語は，同じカテゴリー内ではその言語がより習得が難しいことを示す。

2.3. 第二言語習得研究の成果から分析すると？

　ここまで，日本人は TOEFL iBT® のスコアを見る限り，英語はあまり得意そうでないこと，その理由の1つとして英語と日本語の間の言語的な距離が起因していそうであることを述べてきた。第二言語習得研究ではこういった問題をどのように扱ってきたのだろうか。以下では，その歴史的変遷について簡単に振り返ってみたい（詳細について関心のある読者は，Ellis（2008），Mitchell et al.（2019）などを参照するとよい）。

　まず1950年代から60年代にかけての初期の研究では，母語と第二言語の類似点・相違点を比較することにより，学習の難易度や誤りを予測することができると考えられていた（Lado, 1957）。このような仮説は「対照分析仮説」（Contrastive Analysis Hypothesis）と呼ばれる。この仮説に基づけば，

（1）言語間で類似点が多ければ多いほど学習は容易になる。
（2）効率的な学習は相違点に焦点をあてることで可能になる。

となる。（1）に関して言えば，例えば日本語／中国語／韓国語などは，オランダ語／ドイツ語などに比べて英語との言語間の相違が大きいため，英語母語話者にとっては日本語／中国語／韓国語の方がオランダ語／ドイツ語より習得が困難（逆も同様）だと推測される。（2）に関して言えば，例えば日本語では母音は「あ」「い」「う」「え」「お」の5つしかないが，英語には約15近くある（学者によって，数え方は多少異なる）ため，発音学習をする際には日本語と英語の母音で顕著に異なる点を重点的に練習することが発音上達の近道だと推測される。

　このような仮説は直感的にもうなずけるものであり，第二言語を習得するうえで母語の影響は避けられない。しかし，1970年代以降の研究

が明らかにしたことは，学習者が犯す誤りは必ずしも母語の影響だけで
は説明できないという事実であった。例えば，日本人は中学校の時に，
規則動詞の過去形には "-ed" をつけることを学ぶが（例：learn-
learned），多くの学習者はこのルールを不規則動詞にもあてはめてし
まう（例：go-*goed）。対照分析に基づけば，日本語にはこういった
ルールはない（＝それほど言語間の距離は異なる）ためにこのような誤
りを犯すと考えられるが，実際には日本語を母語としない英語学習者，
さらに言えば英語と言語的距離が近い母語を持つ英語学習者でも同様の
誤りを犯すことがわかっている。Lado（1957）は学習者が犯すこのよ
うな誤りの（ほぼ）すべては彼らの母語による影響だとしていたが，
Dulay and Burt（1972）では，学習者の誤りは「過度の一般化」（ま
たは「過剰般化」：overgeneralization），すなわち学習したあるルールを，
そのルールが適用できる範囲外にもあてはめてしまうことによる割合の
方がはるかに高いことを指摘した。このような研究結果は，学習者の母
語だけでなく，学習者が実際に犯す誤り自体に着目するきっかけとなっ
た。

　上記の流れを受け，その後の研究では，母語と第二言語との対照・対
比といった言語間（inter-language）の問題ではなく，第二言語の使用
によって生み出される誤り（誤答）の分析といった言語内（intra-
language）の問題にシフトしていく。そこでは，不注意や疲労などによ
り思いがけず犯す「間違い」（mistake）と，知識が不十分なために繰り
返し起こる「誤り」（error）が区別され，後者に焦点があてられた。い
わゆる「誤答分析」（error analysis）の始まりである（Corder, 1967, 1974）。

　例えば，日本人学習者がよく犯す誤りとして，"*Japanese train is
often crowded.", "*My father gave me a good advice.", "*I am
often said that I look very young." （文頭の * は誤文であることを示す。
正しい英文の例としては，"Japanese trains *are* often crowded.", "My
father gave me *good advice*.", "I am often *told* that I look very young."）
などが挙げられる（ウェブ，2006）。このような誤りを記述・分析し，そ

の原因を明らかにすることは，指導法の改善に対して有益な示唆を与えうると考えられる。

　誤答分析は言語だけでなく，言語習得の主体である学習者にも研究の関心を向けたという点で評価できるが，問題点がまったくないわけではなかった。例えば，学習者が何らかの誤りを犯した際，その原因が不注意や疲労，集中力の欠如などによるものか，単なる知識の不足によるものか，その判断はなかなか難しい。また，学習者は難易度が高い言語項目・表現をそもそもあまり使わないということも明らかになっている。シャクターは "An error in error analysis" (Schachter, 1974) という有名な論文のなかで，日本人の英語学習者はアラビア語話者の英語学習者と比べると，関係詞の使用を避ける傾向にあったこと，このような「回避」(avoidance) が起こった場合，誤答分析では対処できないことを指摘している。つまり，誤答だけを見ていても，学習者の言語システムの実態はつかめないということである。

　そこで，その後の第二言語習得研究では学習者の誤りだけでなく，学習者の使う言語の全体像を捉えようとする。ここで言う「学習者の使う言語」とは，彼らの母語でもない，第二言語（目標言語）でもない，ある意味独自のルール（言語体系）を持った特殊な言語である。Selinker (1972) はそのような言語を，母語と第二言語の中間に位置づけられる言語という意味で「中間言語」(interlanguage) と名付けた（図 **2-2**）。

図 2-2：母語，第二言語と中間言語との関係

　Selinker によるこの論文は第二言語習得の分野でもっとも多く引用されているものであり，現在の第二言語習得研究に多大な影響を及ぼし

てきたと言われている（Johnson & Johnson, 1998）。誤答分析に続くその後の第二言語習得研究は，学習者が独自に構築する中間言語体系の解明に取り組んできたと言っても過言ではない。

　中間言語の分析からわかってきた興味深い事実のなかには，学習者の言語は誤りも一貫していること，つまり不完全ながら一定程度の体系性を持っていること，母語が異なったとしても似たようなプロセスを経て第二言語を習得していることなどがある。Lightbown（2000）はそれまでの第二言語習得研究の成果を踏まえた 10 の原則（Ten Generalizations from SLA Research）についてまとめているが，そのなかで「第二言語の習得には，予想可能な順序が存在する」と述べている。例えば，これまでに文法形態素の習得順序については数多くの研究があるが，それら一連の研究を簡略化すると，おおよそ図 2-3 のようなプロセスを経て文法形態素の習得が進む傾向にあることがわかっている。

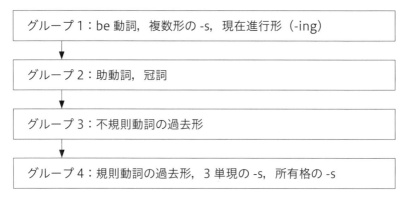

図 2-3：文法形態素の習得順序
（Krashen（1977），Dulay et al.（1982）などをもとに作成）

　この図はグループ 1 の項目はそれ以下のグループの項目よりも先に習得されること，言い換えれば，例えばグループ 3 の項目の習得はグループ 1，グループ 2 のすべての項目がすでに習得された後であることを意味するという。のちの研究では若干の例外についても報告されてい

るが（白井, 2008），母語のいかんにかかわらず，この習得順序は多くの英語学習者にあてはまる。

　以下では，こうした研究が英語教師や学習者に与える示唆について，具体例を挙げながら考えてみる。私の手元に中学生用の英語の検定教科書が複数ある。各教科書のそれぞれの課において，どのように文法形態素が導入されているかを図2-3と比較してみたところ，個々の形態素はおおよそグループ1からグループ4の順に導入されていたが，1つだけ例外があった。読者の皆さんは，予測がつくだろうか？

　それはグループ4に分類されている「3単現の-s」である。このことは英語を習いたての中学生（さらに，英語学習者全般）が「3単現の-s」を苦手とすることと必ずしも無関係ではないように思われる。「3単現の-s」の習得がグループ4に属するほど複雑なものであるという認識があれば，教える側としてはとりわけ丁寧に指導するよう心掛けるのではないだろうか。

　以上，対照分析，誤答分析，そして中間言語分析をごく簡単に見てきたが，それぞれの研究成果から得られる知見は，英語の学習や指導に対して強力な理論的基盤を与えてくれるものと思われる。もちろん，その知見を有効に活用するためには，理論や研究から得られた成果を主体的，あるいは批判的に評価する姿勢を持つ必要があることは言うまでもない。

2.4. 第二言語習得のプロセスはどのように進むのか？

　これまでの習得順序の研究などでは，現象の記述といった「どのように」（HOW）の部分には答えられるが，それが「なぜ」（WHY）起こるのかといった部分に対しては，必ずしも十分な説明ができていなかった。そのような問題意識もあり，とりわけ1980年代以降の第二言語習得研究では，学習者の中間言語はどのような発達プロセスを辿るのか，そのメカニズムを解明することに関心が寄せられている。

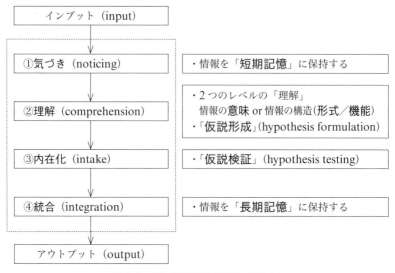

図2-4：第二言語習得の認知プロセス
(Gass（1997, 2013），村野井（2006）をもとに作成)

　例えば，第二言語習得のプロセスを説明する代表的なモデルである Gass（1997, 2013）では，第二言語習得に係る認知プロセスを4つ（図2-4 の点線で囲まれた部分）から成るものとして捉えている。

　まず，第二言語習得の最初のプロセスは，①「気づき」（noticing）である。私たちは日々，膨大な量の情報（インプット）に囲まれているが，そのすべてに気づいているわけではない。

　例えば，卑近な例を挙げると，私たちはこれまで1円玉を何度となく目にしているだろう。では，1円玉の「1」の数字が大きく書かれたのがオモテだとすると，読者の皆さんは1円玉のウラにどのような絵が描かれているかご存じだろうか（少なくとも私はその絵を描けなかった）。このようにいくら身近なものであっても，注意を向けなければ気づかないことは多々ある。言い換えれば，目や耳から入ってくる情報（例：単語，文法，音など）は，注意を向けられることによって，はじめて気づきが生まれる。そのようにして知覚された情報は，「短期記憶」

28

(short-term memory) に保持されることになる。

つぎのプロセスでは，保持された情報が②「理解」(comprehension) される。Gass (1997) によれば，理解には2つのレベルがある。1つは情報の意味（だけ）を理解している段階であり，いわゆる浅いレベルの理解である。通常，私たちはラジオで英語の天気予報などを聞く際，レポーターが話すすべての単語（一語一句）を聞き取って理解しているわけではなく，"weather"，"Tokyo"，"sunny"，"this weekend" などのキーワードからその内容を理解している。

一方，同様の内容について話したり書いたりする際には，「"weather" には "the" が必要だろうか，あるいは無冠詞だろうか」「"Tokyo" につく前置詞は "in" だろうか，あるいは "at" だろうか」「"this weekend" は未来のことだから未来形を使うべきだろうか，あるいは現在形でよいのだろうか」といったことを判断しなければならない。このような判断ができる段階がもう1つの理解（深いレベルの理解）であり，ここでは気づいた言語情報がどのような形式でどのような機能を果たすのか理解している必要がある。

「言語の形式―意味―機能」の結びつきを把握しているということは，それらの関連について一種の仮説を立てていると考えられるため，この認知プロセスは「仮説形成」(hypothesis formulation) とも呼ばれている（Gass, 1997, 2013; 村野井, 2006）。学習者は気づき，理解した情報を増やすにつれて，「あの表現って，こういう意味だよな？」「おそらく，こういう言い方でよいかな？」といった仮説を徐々に立てられるようになっていく。

3番目のプロセスである③「内在化」(intake) では，気づき，理解したインプットを学習者の内部（中間言語）へと取り込む。以下，具体例を挙げながら，内在化について考えてみる。

次ページの図2-5に挙げた各文を書いてある通りに読むとどうなるだろうか（読者の皆さんにもやっていただきたい）。

> 1）Ca y u rea t is?
> 2）Y u a e not readi g th s.
> 3）vo e con eg e ler ist?
> 4）W at ar ou rea ing?

図 2-5：内在化の例（Lotto & O'Toole（2012）をもとに作成）

　英語の母語話者，あるいは英語が得意な方なら，(1)，(2) は見た瞬間に "Can you read this?"，"You are not reading this." だとわかったのではないだろうか。では，(3) はどうだろう。じつはこれはポルトガル語である。ポルトガル語を少しでも知っている方であれば，文末の "ist" からその内容を推測できたかもしれない。しかし，多くの方は苦戦した（あるいはまったく読めなかった）はずである。それは私たちが有する中間言語のなかに，ポルトガル語がなかったからに他ならない。では，あらためて (4) はどうだろう。「書いてある通りに」と指示されたにもかかわらず，英語の母語話者や英語上級者はこの英文を見た瞬間に，(1) や (2) のときと同様，過去の記憶や経験から情報を引っ張り出してくる（正解は，"What are you reading?"）。

　このように内在化では，すでに自らの知識として持っている情報（中間言語）と，新しく入ってきた情報（インプット）の比較を行う。すなわち，理解の段階で形成された仮説を，ここでは検証（「**仮説検証**」：hypothesis testing）することになる。例えば，実際の会話において，あまり自信のない英語表現を使ってみるとしよう。もしそれが相手にうまく伝われば，仮説は認証されることになるし，もしうまく伝わらなければ仮説の修正や棄却が必要になる。

　最後のプロセスである④「**統合**」(integration) では，取り込んだ情報を「**長期記憶**」(long-term memory) に保持する。ここでは既存の中間言語体系を再構築して，処理の自動化が図られる。気づきの段階で短期記憶に保持された情報は，そのままではすぐに消えて（＝忘れられて）

しまう。理解し，内在化され，学習者の中間言語に組み込まれてはじめて，のちのアウトプットに活用することができるようになる。

　以上，第二言語習得の認知プロセスについて，その概略を見てきた。ここから明らかなように，第二言語に習熟するというのは，ある意味においては頭のなかの認知プロセス（図 2-4 の点線で囲まれた部分）をいかにスムーズに行うことができるかに他ならない。ということは，効果的な英語学習とは，この認知プロセスを促進するインプットやアウトプットの機会をどのように確保するかにかかってくることになる。そこで，以下に続く章では，第二言語習得の認知プロセスを促進するインプット（第 3 章）やアウトプット（第 4 章）はどのような特徴を持つのか，またその特徴を踏まえた英語の勉強法にはどのようなものがあるのかについて，さらに考察を深めていくことにする。

練習問題

●復習編

(1) 対照分析と誤答分析の特徴として，どのようなものが挙げられるでしょうか。

(2) 第二言語習得の認知プロセスのうち，つぎの段階と関連しているのは a. 〜 d. のどれでしょうか。

　1. 第二言語習得の最初のプロセス。情報を短期記憶に保持する。

　2. 理解した情報を中間言語へ取り込む。

> a. 気づき　　b. 理解　　c. 内在化　　d. 統合

●応用編

　本章では，日本人が英語ができない理由の 1 つとして「言語間の距離」を取り上げています。この他には，どのような理由が考えられるでしょうか。

文献案内

(1) 村野井　仁（2006）.『**第二言語習得研究から見た効果的な英語学習法・指導法**』大修館書店.

先述した Gass（1997, 2013）による第二言語習得の認知プロセスをわかりやすく紹介したもの。認知プロセスに基づいた数多くの活動例が提案されているため，効果的な英語学習・指導を考えるうえでの実践的なアイディアを得ることができます。

(2) 中田達也・鈴木祐一（編）（2022）.『**英語学習の科学**』研究社.

英語学習者が抱えるさまざまな悩みに対して，各分野の専門家が最新の研究成果をもとに Q&A 形式で回答したもの。英語の 4 技能や年齢・性別・性格などが英語学習に与える影響，さらに動機づけ・学習方略・学習スタイルについても取り上げています。SLA の研究成果の具体的な活用法が丁寧に解説されているのが特徴です。

(3) Gass, S., Behney, J., & Plonsky, L. (Eds.)(2020). *Second language acquisition: An introductory course* (5th edition.). Routledge.

数ある第二言語習得研究の専門書のなかでも，版を重ねて読み続けられているもの（初版は 1994 年刊）。第二言語習得についてより詳しく知りたいという読者には，お勧めの一冊です。

英語学習と言語適性の関係は？

それなりの期間にわたって英語を学んできましたが，自分には「才能」がないとつくづく感じます。こんな私がこの先も英語を学び続けて，意味があるのでしょうか。

　英語学習における「才能」や「センス」（英語では "talent"，"knack"，"flair" などと呼ばれることが多い）と聞いて，まず真っ先に思い浮かべるのは何でしょう。「モデル音に近い発音がすぐできる」「単語をすぐに覚えられる」「（気の利いた）自己紹介がすぐできる」など，さまざまかもしれません。これまでの SLA 研究では，こういった才能やセンスに関する問題を「言語適性」（language aptitude）という分野のなかで扱ってきました。そこから明らかになっていることは，言語適性の捉え方にはいまださまざまな立場があるものの，適性と学習成果との間にはやはり強い関連がありそうだということです（詳細は，「SLA 研究の最前線 2」を参照）。

　このように書くと「やっぱりか…」「俺は才能・センスがないから駄目だ」と落胆される，それどころか英語学習をやめようかと悩まれる読者もいるかもしれませんが，それはまったくの間違いです。なぜなら，言語適性というのはあくまで「いかにその言語を速く，容易に」（how quickly and easily）習得できるかを予測するもの（Carroll, 1981）であり，最終的な到達度というのはまた別の問題だからです。

　つまり，限られた時間のなかで最大限の結果を出さなければいけないといったような場面（例：来週の期末テストで良い点数を取る）では，たしかに適性が大きな影響を与える可能性はありますが，長い年月をかけて継続的に取り組まなければいけない場面では，適性よりもむしろ，やる気をいかに維持するか（動機づけ―本書第 5 章）や，課題に対してどのように取り組むか（学習方略―同第 6 章）といったことの方がより重要になるのです。人生は短距離走か，マラソンか，と言われれば，おそらく多くの読者は後者と答えるでしょう。長い時間と労力を要する英語学習も同様のはずです。このコラ

ムを読まれた方は，「センスがないから…」「適性が低いから…」といった言い訳は，もう明日から（いや今日から）使えません。

　ここで言語適性について，もう2点ほど大切なことをまとめておきます。

　1点目として，適性は「あり／なし」ではなく，程度の問題だということです。例えば，言語適性を測るといった場合，多くのテストは（1）音声に対する敏感さ（音声認識力），（2）文法に対する敏感さ（言語分析力），（3）記憶力，といった3つの側面から適性を測定します（代表的なものとして，**Modern Language Aptitude Test**（MLAT; Carroll & Sapon, 1959, 2002）が挙げられます）。

　この時，3要素の組み合わせ（プロフィール）は人それぞれであり，例えば「音声○，文法△，記憶×」といった人もいれば，「音声×，文法○，記憶○」といった人もいます。つまり，人によって強い面もあれば，弱い面もあるのが普通です（逆に言えば，全部「○」，全部「×」というのは稀）。このことから，自らの適性に合わせた学習により，学習効果を最大化できる可能性があることがわかります。

　2点目として，先述した言語適性の3要素は，言語習得の認知プロセスにも影響を与えていますが，3要素はそれぞれプロセスの異なった段階とより密接な関係を持っています（図2-6参照。言語習得の認知プロセスの詳細については，第2章を参照）。

　具体的には，言語処理の最初の段階である「気づき」では，外から入ってきたインプットに気づき，注意を向ける必要があります。したがって，この段階では音声認識力がより重要な役割を果たします（この能力によって，微妙な音の違いに気づくか気づかないか，差が生じることがあります）。

　つぎに，インプットを「理解」し，「内在化」する段階では，言語分析力がより重要になります。なぜなら，ここでは気づいた言語情報がどのような形式でどのような機能を果たすのか仮説を立てたり（仮説形成），自らが知識として持っている情報（中間言語）に照らし合わせて，その仮説の是非を判断したり（仮説検証）といった作業を行うからです。

　そして，最後のプロセスである「統合」では，取り込んだ情報を長期記憶に保持しますが，情報を効率的に保持するためには優れた記憶力が欠かせません。

　このように言語適性の3要素が認知プロセスのどこに，あるいはどのよ

うに働きかけるのかを理解していれば，自分の弱みを補い，強みを活かすような英語学習を行うためにはどうすればよいのか，具体的なヒントを得ることができます。

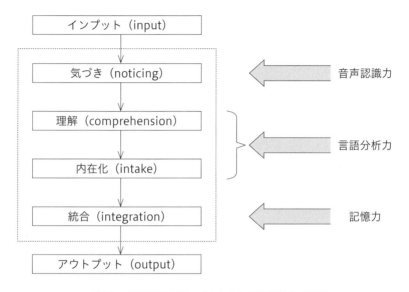

図2-6：言語習得の認知プロセスと言語適性との関係

学習成果に“もっとも強く”影響を与える要因とは？

　読者の皆さんは，「英語学習の成果にもっとも強く影響を与える要因は何だろう？」と一度は考えたことがあるのではないでしょうか。これまでの SLA 研究では，上記に類する問いが数多くの研究で検討されてきました。しかし，個々の研究結果は必ずしも一貫しておらず，結果の一般化が難しいといった問題がありました（そもそも 1 つの研究結果から言えることは，それほど多くはないのです）。

　そのような課題に対して，近年，個々の研究を超えて，それぞれの研究で得られた結果の包括的な議論を可能にする方法論が注目されています。具体的には，**メタ分析**（meta-analysis）と呼ばれる手法です。メタ分析とは「同一のテーマについて行われた複数の研究結果を統計的な方法を用いて統合すること」（山田・井上, 2012, p. 1）と定義されます。どんなに優れた研究であっても，単一の研究から決定的な答えを導き出すことは難しいかもしれませんが，過去の一連の研究結果を体系的に整理・統合できれば，より確固たる根拠（エビデンス）をもって結論を導くことができるはずです。

　SLA 研究の分野でメタ分析の先駆けとなったのは，Norris and Ortega（2000）による，文法規則の**明示的指導**（explicit instruction）と**暗示的指導**（implicit instruction）の効果を比較した研究です。1980 年から 1998 年の間に発表された 250 編以上の論文のうち，必要な統計量が報告されているなどメタ分析の基準を満たした 49 の研究を分析した結果，暗示的指導よりも明示的指導の方が指導効果は高いという結果が得られました（ただし，当該研究における指導効果の指標や分析の手続きに関しては，少なからず批判も見られます）。

　メタ分析の先導的研究者の一人であるプロンスキーがまとめたリスト（https://lukeplonsky.wordpress.com/bibliographies/meta-analysis/）によれば，これまでに行われたメタ分析の数は 720 編以上（2023 年 3 月時点）に上ります。これらのなかでも，学習者の個人差と学習成果の

関連については，多くのメタ分析が行われています。その結果から，学習成果にもっとも強く影響を与える要因の上位 3 つをまとめたのが表2-3 になります。

表 2-3：学習成果に影響を与える個人差要因

要因	相関	説明率	具体的な研究
1. 言語適性	.49	24%	Li (2016)
2. 動機づけ	.37	14%	Masgoret & Gardner (2003)
3. 不安	−.36	13%	Teimouri et al. (2019)

上記の表からも明らかなように，学習成果にもっとも強く影響を与える個人差要因は言語適性であり，その大きさは学習成果の 24% を説明できる程度だと言えます（コラム 2 も参照のこと）。同じく，動機づけについても学習成果の 14% を説明できることがわかっています。言語適性は比較的安定していて変化しにくいのに対して，動機づけは変化しやすく周囲の影響を受けやすい（廣森, 2022）ことを考えると，英語学習において動機づけが担う役割の重要性を改めて実感することができます。

一方，不安も学習成果と密接な関係がありますが，相関の方向性がマイナス（$r = −.36$）であることには注意が必要です。つまり，不安が高ければ高いほど，学習成果にマイナスの影響を与えるということです。Teimouri et al. (2019) では英語以外の教科で行われた同様の調査結果も紹介していますが，そこで得られた相関はいずれも $r = −.21$〜 $−.27$ 程度でした。これらの結果から，不安が学習成果に与えるマイナスの影響は一般的な教科よりも英語の方がより大きいこと，つまり英語を学ぶにあたっては不安をできる限り和らげるような学習環境が必要だということが示唆されます。

ブロンスキーのリスト

本章では第二言語習得におけるインプットの役割に焦点をあてる。まずは，幼児の母語習得を参考にしながら，第二言語の習得に必要なインプット量について考える。つぎに，第二言語習得において，インプットがどのような役割を果たしているのかを確認する。最後に，第二言語習得を促すインプットの4つの条件を押さえたうえで，そのような条件を満たした英語学習方法を，具体例を挙げながら紹介する。
第二言語習得の認知プロセスを促進するインプットの特徴を，その「質」と「量」といった観点から理解することで，より効果的にインプットを取り込むことが可能となる。

（3.1.）第二言語習得に必要なインプット量とは？

　目標とする言語を身につけるうえで，その言語をできるだけ多く聞き，多く読むことが重要であることは疑いの余地がない。では，実際にどのくらいの量を聞き，読む必要があるのだろうか。
　言語習得の天才と言えば幼児だが，彼らは5歳児になるころまでにおおよそ 17,520 時間の母語によるインプットを受けていると言われている（Morley, 1991）。第二言語学習者が1日3時間，毎日勉強し続けても 5,840 日，約 16 年かかる計算になる。英語の達人として名高く，国際連盟事務次長も務めた新渡戸稲造は，著書 *Bushido: The Soul of Japan* (1899) のなかで，「図書館にある書物は，片端から総て読んで

しまおうと云う」と記している。また，5ヵ国語の同時通訳，10ヵ国語の通訳，16ヵ国語の翻訳をこなす多言語話者（polyglot）として知られるロンブ・カトーは，書著『わたしの外国語学習法』（2000）のなかで，「最良の外国語学習法は，多読熟読」と述べている。

　言語習得にはまずもって圧倒的なインプット量が必要なことは明らかである。しかしながら，私たちが日々の生活のなかで，例えば17,520時間も第二言語学習のために捻出できるかと言えば，それは容易ではないだろう。

　ちなみに，日本人は実際にどれだけ英語学習に時間を割いているのだろうか。もちろん，学習者によりかなりの個人差があると考えられるが，松村（2009）では中高大を合わせた平均的な英語学習時間を1,120時間としている。これに小学校での外国語（活動）の時間（小学3〜4年でそれぞれ年35授業時間，小学5〜6年でそれぞれ年70授業時間として計算すると約160時間）を加えたとしても，せいぜい合計1,300時間程度である。英語ネイティブスピーカーが日本語を習得するのにかかると想定されている時間（すなわち，日本人が英語を習得するのにかかると想定される時間）である2,200時間（詳細は第2章を参照）には遠く及ばないことは明らかである。私たちは効果的な学習法をただ闇雲に求める前に，まずこの事実と真摯に向き合う必要がある。

　そこで，本章ではインプットの「量」の重要性は認識したうえで，インプットの「質」を高めるにはどうしたらよいのか，第二言語習得の認知プロセス（Gass, 1997, 2013）の観点から考えていく。まずその前に，第二言語習得においてインプットはどのような役割を果たしているのかを確認しておく。

3.2. インプットの役割とは何か？

　なぜ，インプットは第二言語の習得を促進するのだろうか。その理由の1つに，そもそもインプットがなければ，何も始まらないというこ

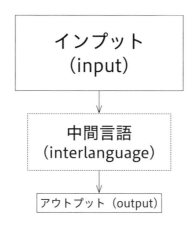

図 3-1：第二言語習得の認知プロセス（簡略版）

とがある。**図 3-1** は第 2 章で紹介した第二言語習得の認知プロセスをより簡略化したものである。この図が象徴するように，インプットがあってはじめて学習者の中間言語体系が構築され，それに基づいたアウトプットが可能になる。すなわち，学習者が第二言語に習熟するためには，まずもってインプットが必要不可欠である。

さらに，私たちはすべてのインプットに気づき（noticing），理解し（comprehension），内在化（intake）しているわけではない。すべてのインプットを処理することは現実的には不可能であるため，インプットよりも中間言語の知識量は少なくなる。同様に，知っていること（持っている知識）を必ずしもすべてアウトプットできるわけではないため，中間言語よりもアウトプットは少なくなる。したがって，もともとのインプット量が少なければ，アウトプットできる量はそれよりもはるかに少なくなる（和泉, 2009）。

クラッシェンにより提案された「インプット仮説」（Input Hypothesis）は，上記の考え方を基盤としたものである。彼によれば，言語習得はインプットさえあれば十分であること，より具体的には理解可能なインプットを大量に取り込めば，第二言語は（母語と同様）自然と身に

つくとされた（Krashen, 1982, 1985）。ここで言う「理解可能」（compre-hensible）とは，現在の能力よりも少しだけ難しめ（彼の言葉で言えば，**"i+1"**）のインプットを意味する。インプットが難しすぎたり，簡単すぎたりすると「気づき」が生まれないため，第二言語習得のプロセスを促進するには，適度なレベルのインプットを大量に取り込むことが重要だと考えられる。

インプット仮説に対しては，言語習得にはインプットだけでなくアウトプットも必要であること，仮説の妥当性を実証的に検証できないこと（例："i+1"をどのように測定可能な形で定義するのか）など批判も見られるが，いずれもインプットの必要性を過少評価するものではない。（なお，クラッシェンのインプット仮説については，「SLA研究の最前線3」も参照。）

インプットが言語習得を促進する2つ目の理由として，自らの中間言語と目標言語との間にある「ギャップ」に気づくことが挙げられる。

例えば，英語のネイティブスピーカーに "Do you *read me*?" と言われたことはないだろうか。これは私の経験談だが，一瞬，「んっ，"read me?"，私を読む？ 私に読む？」などと戸惑いながら，とりあえず "Yes." とだけ答えた記憶がある。会話は何となく続いたが（焦っていたせいか，その時の会話の内容はまったく覚えていない），結局，"read me" の意味はわからないままだった。その後，しばらく経って，ある映画を見ていた際にたまたまその表現に出くわした。恋人同士がちょっとした小競り合いをしていた場面だったが，女性が男性に向かって，"How can you *read me* so wrong? What's wrong with you?" と苛立ちながら問いかけていた。場面の状況も手伝って，私はこの時はじめて "read me" の意味（ニュアンス）を理解することができた（read には「本などを読む／読んで理解する」の他に，「人の心を読む／見抜く」「（無線などで）相手の言葉を聞き取る／理解する」などの意味がある。"Do you read me?" で「私の言うことがわかりますか？／聞き取れますか？」の意味）。

このように，インプットは現状の言語知識（中間言語）と目標言語と

のギャップを認識する機会を与えるとともに，そのギャップを埋める役割も果たしている。

さらに，インプットが言語習得を促進する 3 つ目の理由として，頭のなかに「英語の回路」を作り上げることが挙げられる。インプットを大量かつ継続的に取り込むことにより，その言語の「予測文法」(expectancy grammar) が身についていく (Oller, 1976)。例えば，私たちは "I'm afraid ..." と聞くと，"I'm afraid you'll have to wait.", "I'm afraid he's on another line." など，たいていは何か良くないことが続くと予測する。

同様のことは，単語や表現を超えたレベルでも起きる。例えば，レストランなどに行った際に，どのような会話がなされるかはあらかじめ予測することができる。そして，"Hello, how can I help you?" や "Are you ready to order?" などと聞かれて，聞き取れずにとまどうことはなくなる。これはこれまでにこういった場面を何度となく経験し，そこで身につけた知識（言語習得の観点から言えば，中間言語知識）を効率的に使っているからに他ならない。つまり「予測文法」を身につけると，無意識のうちに瞬時に次に何が来るのかを予測することができるようになる。このような先読みや類似した概念である行間読みは，インプットを大量に取り込むことによってはじめて身につく能力である。

3.3. インプットの「質」を高める効果的方法とは？

第 2 章でも述べたように，第二言語に習熟するというのは，頭のなかで行われる第二言語習得の認知プロセス（気づき→理解→内在化→統合）をいかにスムーズに行うことができるかにかかっている。このプロセスを効率的に促進するためには，どのようなインプットが必要なのだろうか。以下では，インプットの「質」といった観点から，それぞれのプロセスについて考えてみる。

(1) 気づき

まず，気づきを喚起するためには，私たちの注意が特定の項目（例：学習／指導したい言語項目など）に向けられる必要がある。注意が向けられ，目や耳から入ってくる情報に気がついてはじめて，認知プロセスが始まるからである。

近年の第二言語習得研究では，このような気づきを意図的に促す手段として，いくつか効果的な方法を提案している。例えば，「インプット強化」（input enhancement）や「インプット洪水」（input flood）と呼ばれる方法は，特定の言語形式を太字や下線によって目立たせたり，頻繁にインプットのなかで使うことによって，学習者の注意をそれらに向けさせようとするテクニックである（Izumi, 2002; Sharwood Smith, 1993; Szudarski & Carter, 2016）。

具体例として，下の図 **3-2** は仮定法の理解を目的とした学習教材の一部だが，ここでは目標とする言語項目を太字にしたり，フォントサイズを大きくしたり，下線を引いたりすることで学習者の注意を引こうとしている。

(After reading until late at night, Ayumi fell asleep and had a very strange dream.)

Bill:　Hello, Ayumi. Where are you headed?

Ayumi:　I'm on the way to the chemistry lab at school.

Bill:　On a Sunday? **<u>If I were you</u>**, I'd enjoy the weekend. However, some exercise would do me good, so if you don't mind, I'll walk with you a little.

Ayumi:　Not at all. I appreciate your company.

Bill:　By the way, I ran into Alice last night, and she said you went to a tea party with her and some of her friends yesterday. How was it?

Ayumi:　Well, to be honest, it was a little weird. The host at the party

---

> offered me two plates of cookies. He said **if I ate a cookie** from the first plate, I would grow taller. **If I ate a cookie** from the second plate, I would become shorter. What would you have done?
>
> Bill: That is weird. However, I think we ought to be polite when we are guests. I would have chosen a cookie from the first plate. **If I were taller**, maybe I'd be a better basketball player. Anyway, what did you do?

図3-2：インプット強化の具体例（Lyons et al., 2007, p. 56）

　同様に，「インプット処理」（input processing）と呼ばれる方法では，目標とする言語形式を含むインプットを，意味のある形で数多く配列し，学習者に言語形式とそれが表わす意味との結びつきに気づかせようとする。図3-3は関係詞の理解を目的としたものだが，ここでは類似した英文をいくつも聞かせ（難しい場合は，同時に読ませ），それに合った絵を選ぶといった活動を繰り返し行うことで，学習者の注意を特定の言語的特徴に向けさせようとする。

　これらの具体例はいずれも教師などが「ソト」から学習者の気づきを促すタイプの活動だが，学習者自身が「ウチ」から自らの注意を向けるよう仕向けるタイプの活動も可能である。例えば，自分が興味・関心のあるテーマについて書かれた英文（既読でも未読でも構わない）から，前置詞をすべて削除して空欄にしたものを用意する。その後，少し時間を空けてから（記憶がある程度薄れてから）前置詞を戻してみるといった活動は，学習者が自律的に気づきを促す機会を与える。もちろん，使う英文はすでに授業等で扱った学習教材を利用することもできるし，ターゲットを冠詞や助動詞，関係詞など学習対象としたいものに変えることも容易である。

(1) The woman shakes hands with the man who watches TV.

　　a　　　　　　　　　b　　　　　　　　　c

(2) The boy bumps into the girl who the policeman chases.

　　a　　　　　　　　　b　　　　　　　　　c

(3) The dog which the owner takes for a walk bites the cat.

　　a　　　　　　　　　b　　　　　　　　　c

図 3-3：インプット処理の具体例

(2) 理解・内在化

　インプットの「質」を高めることで気づきを促すことができたとしても，それが適切に理解されるかどうかはまた別の問題である。すなわち，「気づき」は「理解」や「内在化」の必要条件ではあるが，十分条件ではない。では，気づいたものがより深く理解され，学習者の内部（中間言語）に取り込まれるためには，どういったことに気をつければよいのだろうか。

　まず，「理解」には「浅いレベルの理解」（情報の意味（だけ）を理解

45

しているレベル）と「深いレベルの理解」（情報の意味に加え，形式や機能も理解しているレベル）があると述べたが，気づいたものがより深く理解されるためには，ただ単に意味が処理されるだけでなく，形式（どんな形で）―意味（どんな意味で）―機能（どんな場面で）が同時に処理されるようにインプットを取り込むことが重要になる。

　身近な例を挙げれば，英単語を覚える際に，単語と意味を一対一対応で覚えるのではなく，それが使われる例文や関連する英文記事を使って覚えるといった方法が考えられる。私自身が学生時代に使っていた英単語帳は，文章あるいは文脈のなかで語彙を身につけるといったコンセプトを基本に据え，時事的で読みごたえのある多くの英文に触れながら英単語を学習できる構成となっていた。まさに形式・意味・機能の結びつきを促す（強める）インプットが豊富に含まれた教材だと言える。

　また，「気づいた」インプットを「理解」し「内在化」するために重要な役割を果たしているのが，対話をすること（インタラクション）である。ロングにより提案された「**インタラクション仮説**」（Interaction Hypothesis）では，第二言語習得の基本はインプットとしながら，それに加えて目標言語によるインタラクションがインプットの理解を後押しするとしている。

　彼によれば，学習者はインタラクションに参加することにより，わからないことを聞き返すなどの「**意味交渉**」（negotiation of meaning）が起こる。このような交渉により，はじめは理解できなかった相手のインプットが理解しやすくなり，結果として言語理解（言語習得）が促進される（Long, 1983, 1996）。さらに，インタラクション場面での相手からの反応，例えば "What did you say?", "Is this what you mean?" などと聞き返されたり，首を傾げられたりといった言語的／非言語的フィードバックは，私たちの中間言語を検証・修正するためのインプットとして機能する。すなわち，インタラクションは認知プロセスにおける「理解」「内在化」を促進する重要な機会となる。

　このようなインタラクションの機会を数多く作り出すうえで，ロー

ル・プレイやインフォメーション・ギャップ（対話者間に情報のずれがあり，そのずれを埋めることを目標とした活動）といったペアワーク，グループワーク活動は有効に活用することができる。Long and Porter（1985）はペアワーク，グループワークの意義として，

(1) 言語使用の機会を増やす
(2) 学習者の対話の質を改善する
(3) 個別指導を促進する
(4) 情緒的に安心できる雰囲気を作り出す
(5) 学習者の動機づけを高める

といった点を指摘している。教室外で英語を使う機会が少ない EFL（English as a Foreign Language）環境で学習する私たちにとって，ロール・プレイやインフォメーション・ギャップといった活動は教室内に多くの疑似的コミュニケーション場面を作り出すことを可能にしてくれる。

(3) 統合

　第二言語習得の認知プロセスにおける最後の段階は，「統合」である。ここでは，新たな言語知識として取り込んだインプットを長期記憶内にとどめ，のちにアウトプットできるよう自動化していく。この統合を促進するには，大量のインプットが不可欠である（インプットの「量」を増やす方法については後述する）。

　ただし，この段階でのインプットは，前述したクラッシェンの "i+1" よりも，"i" や "i−1" といったインプットを取り入れるようにしたい。なぜなら，"i+1" には多少なりとも新しい情報が含まれているため，限られた認知処理能力をそれらの処理にも割かなければならない。一方で，"i" や "i−1" といったインプットであれば，ある程度余裕をもって情報を処理できるため，情報の意味内容だけでなく言語形式や機能にも

注意を向けることができる。したがって，「理解」「内在化」した知識の強化や自動化が目的であれば，"i" や "i−1" のインプットがより効果的だと考えられる。

また，私たちは一度だけのインプットで，記憶を保持・定着させることはなかなかできない。大切なことは，やはり繰り返しによる反復（復習）である。脳科学の研究分野には，「海馬仮説」（Hippocampus Hypothesis）と呼ばれるものがある（Riby & Riby, 2006）。一般にソトから入ってきた情報は，まず脳内の海馬（hippocampus）という記憶などを司る部位に貯蔵される。この仮説によれば，この時に同じ情報が何度も入ってくると，海馬はその情報をとくに重要だと判断する。さらに，そう判断された情報だけが言語や記憶に関わる脳内部位である側頭葉（temporal lobe）に転写され，それ以外の情報は不必要だと判断され捨てられてしまうという。この仮説の是非はさておいても，繰り返しによる反復が知識の定着，すなわち「統合」にとって重要だということは明白であろう。

「統合」を促進する活動のうち，教室内での一斉授業でも，一人の自学自習でも容易に実施できるものとして，リピーティング（Repeating）やシャドーイング（Shadowing）が挙げられる。一般に，聞こえてきた音声をテキストを見ながらリピート音読するのがリピーティング，テキストを見ないでリピートするのがシャドーイングと呼ばれるが，これらの活動はいずれも言語知識の自動化を促進するうえで効果があると言われている（門田, 2007; Kadota, 2019）。同様に，リード・アンド・ルックアップ（Read and Look-up）はテキストの英文を見て（読んで）一瞬だけ覚え，顔を上げて，今度はテキストを見ずにその英文を繰り返すといった活動である。この活動は言語知識の自動化だけでなく，短期記憶の発達を促す効果も期待できる。

なお，de Bot（1996）は継続的なアウトプット活動によっても言語知識の自動化，すなわち「統合」が促進されると指摘している。第二言語習得におけるアウトプットの役割，ならびに第二言語習得の認知プロ

セスから見たアウトプットについては，第4章において詳しく見ていくことにする。

3.4. インプットの「量」を増やす効果的方法とは？

　ここまではインプットの「質」について，第二言語習得の認知プロセスと関連づけながら検討してきた。ただし，先にも述べたように，第二言語の習熟にはできるだけ多くのインプットが必要不可欠である。では，インプットの「量」を増やすためには，どうすればよいだろう。

　例えば，自分が関心のある分野やトピック（例：音楽，スポーツ，料理など）に焦点を絞ることによって，インプットを取り込む際の動機づけにつなげることができる。また，関心のある分野なら背景知識も多いため，内容理解が助けられることも多い。そのことにより，さらに新たなインプットを取り入れようといった好循環を生むことも期待できる。

　このようにできるだけ大量のインプットを取り込むといった際，村野井（2006）が挙げる4つの条件，すなわち「理解可能性」「関連性」「真正性」「音声と文字のインプット」は示唆に富む。以下，それぞれについて順に説明する。

(1) 理解可能性

　先述したクラッシェンのインプット仮説でも指摘されているように，インプットはまずもって理解可能でなければならない。大量のインプットを取り入れることは重要だが，例えば私がまったく背景知識のないタガログ語のラジオを1,000時間聞いたところで，（それはおそらく呪文のようにしか聞こえず）言語の習得にはあまり役立たないであろう。大切なのは，第二言語習得の最初のプロセスである「気づき」を促すようなインプット，すなわち難しすぎず，簡単すぎずといったほど良いレベルのインプット（"i+1"のインプット）を大量かつ継続的に取り入れることである。ただし，繰り返しになるが，「統合」の促進を意識したイン

プットは "i" や "i−1" が良い。

(2) 関連性

　インプットが自分の興味・関心と関連があるというのが，2つ目の条件である。内容が面白くなければ，読んだり聞いたりしてもつまらないだろうし，そういった活動はそもそも長続きしないだろう。このことに関連して，バーダマン（2013）は興味深いデータを紹介している。彼によれば，自分が「面白い」と思って読んだものは，可もなく不可もなくというものに比べて，インプット率（内容の定着率）が1.15倍に上がるそうだ。自分の興味・関心がある分野だと動機づけにつながるし，そのことが最終的な学習成果（言語習熟度）に影響を与えることも十分に考えられる。

　また，Schumann（1978）は学習者がインプットを取り込むうえで，社会的距離（social distance）が重要な役割を果たしていると指摘している。すなわち，学習者が目標言語話者や目標言語社会に対して心理的，社会的，文化的距離を感じているほど，目標言語話者から物理的距離を置くようになり，そのことがインプットの取り込みを妨げたり，ひいては言語習得に困難を生じさせたりする可能性があると言う。インプットを取り込む際には，非言語的な側面にも注意を払うべきことがわかる。

(3) 真正性

　真正性（authenticity）とは，現実に存在する事物をテキストや教材としたものかどうかということである。一般に学習用の教材は，上述した学習者の理解可能性や関連性が優先されることが多く，ともすれば自然な言語使用を反映していないことがある。スピーカーから流れてくる英語をかなりの時間聴いて勉強していた学習者でさえ，いざ英語圏の国に行ってみると，英語がまったく耳に入ってこなかった，というのはよくある話だろう。真正性と理解可能性は時としてバランスを取ることが難しいが，とりわけ上級学習者は生のテキストや音声を教材として取り

入れる機会を積極的に持つことが重要だと考えられる。

(4) 音声と文字のインプット

　私たちが一般にインプットを処理する割合は，視覚83%，聴覚11%，触覚3%，味覚2%，嗅覚1%と言われており（達川, 2010），圧倒的に視覚からの情報量が多い。同様に，英語のインプットを取り入れるにあたっても，どうしても文字（だけ）に頼ってしまう傾向がある。私が大学で担当する英語のリスニング授業でも，扱った音声インプットのすべてを文字で確認しないと気が済まないという学生がいる。もちろん，彼らの学習スタイルが視覚型かもしれないし，それ自体が悪いということはない。しかし，文字を目で見て覚えるだけが言語習得の唯一の方法ではない。声に出して読んだり，繰り返し聞いたり，あるいは時には歩き回りながらブツブツとつぶやいてみるというのも，記憶の定着を向上させるはずだ。言語は匂いを嗅いだり触ったりということはできないが，見たり聴いたりすることはできる。音声インプットと文字インプットのバランスには留意するようにしたい。

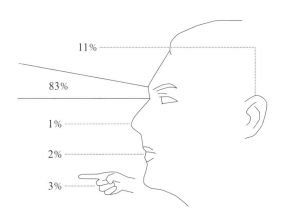

11%
83%
1%
2%
3%

図3-4：五感で分けた情報入手量の比率 （達川, 2010, p. 16)

3.5. インプットの「量」を増やすためにお勧めしたい教材ソース

　では，私たちにとって，上記の4条件を満たした「理想」のインプットとはどのようなものだろうか。言うまでもなく，例えば「理解可能性」などは学習者のレベルによって異なるし，「関連性」も人それぞれだろう。したがって，万人にとっての理想のインプットというものが存在するわけではないが，そのようなインプットを見つけやすいソースというものはいくつか存在する。

　以下では，インターネット上から容易にアクセスできる代表的なものを中心に，第二言語習得の認知プロセスを促進すると思われるもの，私が実際に試してみて良かったと感じたものをいくつか紹介する（類似したリストとして村野井（2006, p. 44）も参考になる）。

〈初級〜中級向け〉

■ News in Levels

　情報収集のツールとして新聞は欠かせないが，英字新聞となると，ハードルが高いと感じる読者も多いのではないだろうか。そのような学習者にお勧めしたいのが "News in Levels" である。このサイトでは，まず簡単な診断テスト（95問の単語クイズ）を受けることにより，自らの読解レベルを明らかにし，そのレベルに合った英文記事を計8つのカテゴリ（例：News, Sport, Nature など）から選ぶことができる。興味・関心のある内容を自分のレベルに合った英語で読み，動画を使ってその内容を確認することもできるため，4条件を満たしたインプット教材として活用できる。

　★ News in Levels（https://www.newsinlevels.com/）

■ CNN10

　CNN や BBC のテレビ・ラジオ放送をご存じの読者は多いだろう。

時事的なトピックをいつも迅速かつ正確に伝えてくれる。ただ，英語学習者にとっては，あのキャスターたちの話す速度・滑舌は時にハードルが高く（「理解可能性」が低く）感じられるかもしれない。そのような学習者にうってつけなのが，"CNN10" である。毎回 10 分とコンパクトにまとめられた動画であり，扱われるトピックも身近なものが多く，簡単なクイズが用意されているなど，集中力を維持しやすい工夫もされている。また，字幕つきで視聴したり，速度調整したりすることもできる。ニュース英語の第一歩としては最適かもしれない。

★ CNN10（https://edition.cnn.com/cnn10）

■ VoiceTube

上記の "CNN10" で扱われるようなトピックを，さらに英語学習者用に加工してくれているのが "VoiceTube" だ。このサイトにはビジネスだけでなく，映画，音楽，アニメなどに関する動画が数多く掲載されている。5 分前後のものが多いため利用しやすいだけでなく，レベル別（CEFR に準拠し，A1 初級〜C2 上級）に動画がまとめられている。また，単語検索やセンテンスをリピートする機能がついていたり，動画の内容を日英両方の字幕を同時に表示しながら確認できたりするため，学習用のサイトとしても使いやすい。認知プロセスの 1 つである「統合」でも述べたように，第二言語の自動化を促進するリピーティングやシャドーイングの練習をするには格好の教材である。

★ VoiceTube（https://jp.voicetube.com/）

■ English Central

英語学習サービスを提供する米国の企業が開発したサイトが "English Central" である。毎週，ビジネス・メディア・日常生活など，さまざまな分野の動画がレベル別にアップロードされる。各動画は「見る―リスニング」，「学ぶ―単語を学習」，「話す―セリフを音読」の 3 パートで構成され，視聴はすべて無料。この他，動画で学んだ単語やフ

レーズを使って，オンライン上で英会話講師と会話ができるサービスもある（こちらは有料）。本サイトの特徴は，音声認識による発音矯正である。マイクに向かって発話した自分の発音や流暢さに対して点数で評価してくれる独自の発音評価システムは，ゲーム感覚の学習をサポートしてくれる。

★ English Central
（https://ja.englishcentral.com/browse/videos）

〈上級向け〉

■ Project Gutenberg

"Project Gutenberg"（プロジェクト・グーテンベルク）とは，著作権の切れた文学作品などを電子化して，インターネット上で公開したもの。現在，60,000 冊以上が無料で読めるようになっている。収集されているテキストは，欧米文化圏の文学作品が多い。また，大部分は英語のテキストだが，他の言語（フランス語，ドイツ語，オランダ語など）のテキストも含まれている。サイト内には検索用のページが設けられているため，著者名，書名，言語などによって，興味・関心がありそうなテキストを容易に探すことができる。類似したシステムで，日本語で書かれたテキストを収集したものに「青空文庫」がある。

★ Project Gutenberg（https://www.gutenberg.org/）［左 QR］
★ 青空文庫（https://www.aozora.gr.jp/）［右 QR］

■ Radio Garden

"Radio Garden" は，とにかく一度試してみてほしい。アクセスすると，世界中のラジオ基地局が緑色で示された地球儀が現れ，サーチ用の丸枠を合わせた地域のラジオ局を探すことができる。地球儀を回す感覚で自分の興味がある国を旅しながら，現地で流れているラジオ番組をリアルタイムで聴く。想像するだけで，ワクワクしないだろうか？

類似したソースとして，国際衛星ラジオ放送 "World Radio

Network" がある。英語を母語とする国での英語放送に加え，ヨーロッパ，アフリカ，ロシアなどで配信されている外国向け英語放送を視聴できる。"Radio Garden" も "World Radio Network" も，文字スクリプトがないため，上級者向け。

★ Radio Garden（https://radio.garden/）［左］

★ World Radio Network（https://www.encompass.tv/solutions/ radio/）

■ TED（Technology Entertainment Design）

"TED" とは，ビジネス・学術・エンターテイメントなど，さまざまな分野で活躍する著名人による講演会のこと。米国のカリフォルニア州で毎年開かれており（近年は他の国・地域でも開催），2006 年以降は講演の動画がネットで公開されるようになった。英語，日本語の字幕を表示しながら視聴もできるため，自分の「理解可能性」に合わせながら利用できる。多様な分野から第一人者が登場するため，自分の「関連性」に合った素材を選ぶことも容易。生の真正英語であり，文字スクリプトもあるので，4 条件を満たしたインプット教材として活用できる。

★ TED.com（https://www.ted.com/）［左］

★ TED talks（https://www.ted.com/talks）

■ MOOC（Massive Open Online Course）

多くのメディア等で注目され，すっかり定着した感のある "MOOC"（ムークと読む）。これはハーバード大学，マサチューセッツ工科大学（MIT）など海外の一流大学の講義ビデオを無料で視聴できるシステムであり，受講者は授業の宿題や期末試験に挑戦できたり，一定水準を満たせば修了証まで発行してもらえる。海外の大学の講義のため，レベルは高いが（「理解可能性」には注意が必要），自分の興味に合わせていくつもの講義が受講できたり（「関連性」が高い），自分の学習ペースやライフスタイルに合わせたりできるというのは，動機づけの維持にとっては

重要。近年は，JMOOC（日本オープンオンライン教育推進協議会）という組織が立ち上がり，日本における MOOC の普及に取り組んでいる。

★ edX（https://www.edx.org/）［左］

　［ハーバード大学とマサチューセッツ工科大学，他が共同設立］

★ Coursera（https://www.coursera.org/）［中］

　［スタンフォード大学，イエール大学，東京大学など 275 以上の大学や企業が参加。講座数がもっとも多い］

★ JMOOC（https://www.jmooc.jp/）

　［日本最大のオンライン大学講座サービス］

練習問題

●復習編

(1) 言語習得におけるインプットの役割として当てはまるものを，以下から選んでみましょう。

　　1. 頭の中に「英語の回路」を作り上げる

　　2. 自分の第二言語能力と目標とする第二言語との「ギャップ」に気づく

　　3. わからないことを聞き返すなどの「意味交渉」が起こる

(2) ロングの「インタラクション仮説」とはどのような仮説でしょうか。簡潔に説明してみましょう。

●応用編

　皆さん自身にとって，先述した「4 つの条件」を満たした理想のインプットとはどのようなものですか。次ページに示すワークシートを使って，インプットを重視した英語学習を実際に体験してみましょう。

付録：インプット重視の英語学習法（ワークシート）

1. 選んだ教材について

選んだ インプット教材	4条件を満たしている理由			
	理解可能性	関連性	真正性	音声と文字の インプット

2. 学習内容・成果について
（上記の教材をどのくらいの時間，どのように使って学習したか？）

（どのような学習成果が得られたか？　新たな気づき・課題が見つかったか？
新たな学習目標が生まれたか？）

3. 新たに学んだ英語について
（どのような語彙・表現を学んだか？　最低，5つの語彙・表現をまとめる。）

文献案内

(1) 古川昭夫（2010).『英語多読法』小学館.

大量のインプットを確保する方法の１つとして，「100万語多読」と呼ばれる実践が知られています。本書は早くから多読指導に取り組んできた著者が自らの指導経験を踏まえ，多読が効果的な理由や多読の実践方法について丁寧に解説しています。また，多読や多聴を中高大の英語授業に取り入れたいと考えている読者には，高瀬敦子（2010）『英語多読・多聴指導マニュアル』（大修館書店）があります。

(2) Krashen, S. (1985). *Input hypothesis: Issues and implications*. Longman.

本章で紹介した「インプット仮説」を含め，言語習得に関する５つの仮説についてまとめたもの。とくにインプット仮説については，仮説が検証不可能など批判はありますが，理解可能な大量のインプットに加え，形式（form）だけでなく意味（meaning）に焦点をあてた練習が必要なことなど，現在でも十分に参考になる考え方が紹介されています。英語も平易で，読みやすく書かれています。

(3) Gass, S., & Mackey, A. (2020). **Input, interaction, and output in L2 acquisition.** In B. VanPatten, G. D. Keating & S. Wulff (Eds.), *Theories in second language acquisition: An introduction* (3rd edition, pp. 192–222). Routledge.

インプット，インタラクションに加え，アウトプットが第二言語習得をどのように促進するのかについて解説しています。言語習得を考えるうえで重要な概念として注目されているフィードバックや注意（気づき）などについても詳しく触れられており，より専門的に第二言語習得のメカニズムを理解したい読者にとってはお勧めの論文です。

言語習得における臨界期はあるのか？

言語習得には「臨界期」というものがあると聞きました。ということは，臨界期前に英語の勉強を始めた方がよい（あるいは始めなければならない）ということでしょうか。

　日本では 2020 年度から，小学校での英語教育のスタートが小学 5 年から小学 3 年に前倒しされ，小学 3〜4 年では「外国語活動」として年 35 時間，小学 5〜6 年では「外国語」として年 70 時間実施されています。このような外国語（とりわけ英語）教育の早期化の動きは日本に限らず，海外の多くの国においても見られます。本コラムでその是非について詳述することはしませんが（関心のある読者は，バトラー後藤（2015），寺沢（2020）を参照），こういった動きの背景には「臨界期仮説」といった考え方があります。

　「臨界期仮説」（Critical Period Hypothesis: CPH）とは，言語を完全に習得する能力というのは，人生初期のある一定期間にのみ機能するもので，この期間（一説には，12〜13 歳の思春期ごろまでと言われる）を過ぎると言語習得に成功する確率は大きく下がってしまう，あるいは不可能になるといった仮説です。もともとこの仮説は第一言語（母語）の習得を想定したものでしたが，のちに第二言語の習得を考える際にも利用されるようになりました。

　「第二言語習得にも臨界期が存在するのか？」は，これまでの第二言語習得研究のなかでもっとも激しい論争が繰り広げられてきたトピックの 1 つです。その結論については，いまだ確固とした合意は得られていませんが，年齢が習得の成否に大きく影響するということは定説となりつつあります。たしかに，海外赴任を命じられた父親が家族とともに英語圏へ渡った際，子どもたちは小学校の友達とすぐに仲良くなり，英語を使って楽しそうに生活している一方，両親は半年や 1 年を過ぎてもなかなか英語が耳に入ってこない（子どもたちの会話すら理解できない）といったことも珍しくないと思われます。こういった経験がある人なら，ますます「英語を学ぶなら，早い方が

よい」と考えるはずです。

　さて，ここで注意しなければいけない大切なことがあります。それは「学習環境」の違いを考慮に入れる必要があるということです。第１章でも述べたように，一般に，目標言語（この場合，英語）が使用されている国や地域に住んで，その言語を習得しようとする場合は「第二言語環境」，目標言語が使用されていない国や地域に住んで，その言語を学習しようとする場合は「外国語環境」と呼ばれています。先述した例は，第二言語環境における典型的な事例ですが，そこでは言語習得に必須なインプットが豊富に得られます（インプットの重要性については，第３章を参照）。また，大人は発達した認知能力を使った「明示的学習（意識的な学習）」(explicit learning) が得意であるのに対して，子どもは母語習得のように聞いたものをそのまま覚えるといった「暗示的学習（無意識的な学習）」(implicit learning) を得意とします。このような子どもの優位性を発揮するためには，大量のインプットが必要なのです。すなわち，子どもの言語習得にとって重要なポイントは，豊富なインプットと無意識的学習の「組み合わせ」であり，そのような組み合わせを可能にするのが第二言語環境だということです。したがって，「早ければ早いほどよい」というのは，少なくとも第二言語環境においては当てはまりそうなことがわかります。

　それに対して，日本のような外国語環境ではどうでしょうか。あらためて説明するまでもなく，外国語環境ではインプットが非常に限られています。第二言語環境ではおそらく，起きている時間の半分ぐらい（１日12時間程度）は第二言語（英語）に触れていると考えられますが，外国語環境では１日せいぜい数時間です。このような環境下では，無意識的な学習を得意とする子どもたちの優位性は発揮できません。したがって，「早ければ早いほどよい」というのは，外国語環境においては必ずしも当てはまらないと言えます。

　では，そういった環境下で英語を学ぶ（学ばなければならない）私たち日本人，とりわけ年少の学習者はどうしたらよいのでしょうか。

　一番の解決策は，「第二言語環境を作り出す」ということです。例えば，宮城県の宮城明泉学園，静岡県の加藤学園，京都府の立命館宇治などには英語のイマージョンコースが設けられ，英語以外の教科も英語で学ぶことができる環境が整えられています。お隣・韓国の済州島では，「国際教育都市プロジェクト」と呼ばれる大規模プロジェクトが有名です。具体的には，人口

約 55 万人が住むこの島の公用語を英語に設定するとともに，海外の名門校を続々と開校し，グローバルエリート教育を行うといった計画です（著者の知る限り，2022 年現在，この計画はあまりうまく進んでいないようです）。またマレーシアのジョホールバルでも，「イスカンダル計画」と呼ばれる類似したプロジェクトがあります。こういった取り組みにより，外国語環境のなかに「人工的」に第二言語環境を作り出し，子どもの言語習得にとって重要なポイントである豊富なインプットと無意識的学習の「組み合わせ」を実現することができます。

　ただし，こういった環境を作り出すためには，多大なコストがかかることも事実です。英語で指導ができる各教科の（免許を持った）教員を確保するだけでもひと苦労でしょう。したがって，上記のような学習環境を日本全国に整備するというのは，あまり現実的ではないかもしれません。

　では，現実性の高いもう 1 つの解決策は何か。それは「インプット（量・質）を最大化する」ことだと私は考えています。インプット量が限られた外国語環境に暮らす私たちが言語習得に必要な豊富なインプットを確保するためには，教室内外での意識的な努力が必要不可欠になります。例えば，テレビは英語の副音声で見る（聞く），洋書のペーパーバックを毎日 20 ページずつ読む，パソコンでネットサーフィンする時には英語で検索する，などさまざまな方法が考えられます。一方，インプットの質を最大化するにはどうしたらよいのか。本書（第 3 章）はまさにそのような狙いのもとに書かれています。読者の皆さん，あるいは年少学習者のインプットの質向上につながることを切に願っています。

クラッシェンは正しかったのか？

　これまでの SLA 研究に大きな影響を与えた研究者の一人として，インプット仮説（詳細は第 3 章参照）を提唱したクラッシェンが挙げられます。彼は間違いなく，初期の SLA 研究を代表する研究者ですが，現在の学問的知見に照らし合わせた場合，彼の主張はいまだに正しい，あるいは妥当だと言えるのでしょうか？

　全米外国語教育協会（ACTFL）が発行するジャーナル *Foreign Language Annals* は，1967 年に創刊された歴史ある学術誌です。このジャーナルで 2021 年夏に "A discussion of input: Krashen forty years later" というタイトルの特集号が組まれました。SLA に関して数多くの書籍や論文を発表してきたヴァンパテンらによる原著論文 "Was Krashen right? Forty years later" に続き，各分野を代表する研究者らによる解説論文（計 6 編）が所収されています。以下では，クラッシェンが約 40 年前（！）に発表した研究を手短かに振り返るとともに，特集号の内容の一部を紹介します。

　クラッシェンは 1970 年代後半から 1980 年代前半にかけて，SLA に関する現象を説明する一連の仮説を発表しました（Krashen, 1977, 1982, 1985）。なかでも，インプット仮説は当時，クラッシェンが SLA においてもっとも重要だと考えた仮説です。この仮説によれば，学習者は，現在の言語能力（i）のレベルより少しだけ高いレベルのインプット（i+1）を理解することで，言語を習得するとされています。

　特集号の巻頭に置かれた Lichtman and VanPatten（2021a）によれば，クラッシェンの主張には多くの批判が寄せられたにもかかわらず，現在の SLA の理論や研究には，"Krashen-like idea"（p. 298）の例を数多く見ることができると言います。例えば，ACTFL では "Novice—Low/Mid/High" "Intermediate—Low/Mid/High" などのように学習者の言語運用能力をレベル分けしていますが，学習者の現在の習熟度（例えば，Intermediate—Mid）を「i」とすれば，次のレベル

(Intermediate—High) は「i+1」と考えることができると，ヴァンパテンらは主張します。また，語彙研究で著名なネーションは，学習者はテキストに含まれる語彙の 95%〜98% を知っていれば，その内容を十分に理解できるとしています（Hu & Nation, 2000）。ヴァンパテンらは，このような語彙の閾値もクラッシェンによる「i+1」の「+1」を操作化したものと捉えられるとしています。以上から，Lichtman and VanPatten（2021a）はクラッシェンの考え方は異なる用語が使われながらも，現在でも幅広く参照されており，"We argue that they (= Krashen's ideas) have survived and are still relevant." (p. 283) と結論付けています。

　上記の論文に続き，本特集号では用法基盤アプローチ（Wulff, 2021），認知的―相互交流的アプローチ（Loewen, 2021），神経言語学的アプローチ（Morgan-Short, 2021）など，現代の SLA 研究を代表する諸理論から，クラッシェンの仮説が批判的に検討されています。いずれの論文にも共通して見られる傾向は，言語知識の捉え方や言語習得に必要な前提条件に相違はあるものの，クラッシェンの基本的な立場とは重複する点が多いということです。

　本特集号の最後では，ヴァンパテンらが再度，"Krashen forty years later: Final comments" として，全体を総括する論考を掲載しています（Lichtman & VanPatten, 2021b）。そこで私が印象的だと感じたのは，現在の SLA 研究の最前線からクラッシェンの仮説を検討した結果，そこに大きな異議は唱えられなかったこと，すなわち，それは「仮説から事実」への移行を示すものであること（"... we take this to be indicative of the move from "hypotheses to fact." [p. 336]）だとまとめられている点です。

　よく言われるように，科学の進歩には時間がかかるものです（Lichtman & VanPatten, 2021a, p. 302）。当時，クラッシェンが取り組んでいた研究が「i」だとすると，我々がいま取り組んでいる研究はひょっとしたら「i+1」と言えるのかもしれません。

言語知識の自動化：アウトプット

本章では第二言語習得におけるアウトプットの役割に焦点を
あてる。まずは，外国語を学ぶうえで，言語を創造的に使う
アウトプットの大切さについて述べる。つぎに，第二言語習
得において，アウトプットがどのような役割を果たしている
のかを確認する。最後に，第二言語習得を促すアウトプット
の４つの条件を押さえたうえで，そのような条件を満たし
た英語学習方法を，具体例を挙げながら紹介する。
第二言語習得の認知プロセスを促進するアウトプットの特徴
を，その「質」と「量」といった観点から理解することで，
より効果的なアウトプット活動が可能となる。

4.1. アウトプットはなぜ必要か？

　先の第３章では，英語を身につけるうえで，いかにその言語を多く
聞き，多く読むこと（インプット），さらにその言語を使って実際に対話
をすること（インタラクション）が重要であるかを述べた。また，その
ような主張をサポートする仮説として，クラッシェンによるインプット
仮説（理解可能なインプットを大量に与えることにより，第二言語習得は自
然に促進される），ロングによるインタラクション仮説（目標言語による
意味交渉の機会を数多く持つことにより，第二言語習得は促進される）を紹
介した。

　本章ではアウトプットに焦点をあてる。アウトプットとは目標言語を

使って話したり，書いたりすることである。2人以上による目標言語での
やり取りなど，アウトプットとインタラクションには重複する側面も
ある。しかし，1人で目標言語を使ったリハーサルを行ったり（言いた
いことを頭のなかで何度も繰り返す，あるいは口に出す），自分自身の目標
言語による発話を録音し，その内容を文字化して添削したりといった活
動は，必ずしも相手を伴わなくとも可能である。したがって，本章では
1人でもできるアウトプット活動（スピーキング，ライティング）も意識
しながら，第二言語習得におけるアウトプットの役割や効果的なアウト
プットの方法について考えていく。

　では，まず私たちは普段どの程度，目標言語でのアウトプットを行っ
ているだろうか。例えば，英語を日常的に使うような ESL（English as
a Second Language）環境であれば，商品やサービスについてお店等に
問い合わせたり，病院などで健康状態を伝えたり，友人や職場仲間に手
紙や E メールを書いたりということが頻繁にあるだろう。しかし，日
常的に英語を使うことが少ない日本のような環境（EFL 環境）では，
英語によるアウトプットを必要とする場面そのものは多くない。

　人によっては，「（アウトプット活動の代わりに）音読を十分にしてい
る」という意見があるかもしれない。ただし，音読とは，すでにある文
章を声に出して読んでいるだけであり，厳密な意味でのアウトプットで
はない。本来の意味でのアウトプットとは，自分で言葉を創造的に組み
立てて表現することであり，同じ内容の事柄を伝えようとしても，その
言い方（アウトプットの仕方）は数多く存在する。「答え」が必ずしも
1つに定まらないというのが，アウトプットの特徴でもある。

　以下，このことに関する具体例を挙げよう。日本語でよく使う表現の
1つである「つまらないものですが…」を英語ではどのように表現する
だろうか（読者の皆さんにも考えていただきたい）。"It's nothing,
but ... (I hope you like it.)"，"This is a little something for you."
などが思い浮かんだろうか。あるいは，海外生活の長い方なら，"This
is a little *gesture* of thanks." といった少し気の利いた表現が頭に浮か

んだかもしれない（gesture には「身振り，手まね」の他に，「（ある効果を
ねらった）意思表示，感情表現」などの意味がある。"a gesture of welcome"
で「歓迎の意」，"a gesture of friendship" で「友情の印」の意味）。さら
に，その返答としての「どうぞお気遣いなく」はどうだろうか。"You
(really) don't have to (do this).", "Don't trouble yourself (over
me).", "Don't worry/bother.", あるいはより明確な理由を示したい
場合などは "No, thank you. I just ate." などの言い方もできるだろう。

　このようにアウトプットは決まり文句を除いて「この言い方しかな
い」というのは稀であり，そのことが私たちに言葉を創造的に使う必要
性を与える。

　言語の創造的な使用に関連する重要な現象に，「U 字型発達曲線」
(U-shaped learning curve) と呼ばれる曲線がある（Carlucci & Case,
2013; Kellerman, 1985)。これは子どもの母語習得を含む認知的な発達，
さらに第二言語習得においても，学習者はおおむね図 **4-1** に見られるよ
うな 3 つの段階からなる発達プロセスを辿るとするものである。

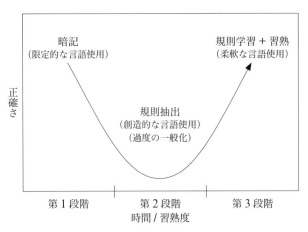

図 4-1：U 字型発達曲線（Kellerman, 1985)

　第 1 段階は言語を丸暗記して使用している段階であり，正確だが言
語の使用は非常に限定的である。第 2 段階では個別の暗記から徐々に

一般的な規則を抽出できるようになる。例えば，動詞の過去形には
「-ed」をつけるという規則を学ぶと，知らない動詞にも「-ed」をつけ
ることができるようになる。すなわち，言語を創造的に使用できるよう
になるが，過度の一般化（例：「*goed」，「*speaked」）も起きるため，
誤りの頻度は高くなる。第3段階は規則と同時に例外にも順応できる
ようになる段階であり，この時点においてようやく柔軟な言語使用が可
能になる。

　このような言語発達のプロセスから得られる重要な示唆は，言語習得
において誤りは必要不可欠であること，したがって，大切なことは誤り
を恐れずに積極的にアウトプットすること，自分の頭で創造的に考えて
アウトプットすることだと言える。

　以上のことを踏まえ，次節以降では第二言語習得研究においてアウト
プットはどのように研究されてきたのか，より詳しく見ていくことにす
る。

4. 2. アウトプットの役割とは何か？

　アウトプットに関連した一連の研究として，まず押さえておきたいの
はスウェインにより提案された「アウトプット仮説」(Output Hypothesis)
である (Swain, 1985, 2005; Swain & Lapkin, 1995, 2002)。彼女はカナ
ダ・トロント大学の研究者であり，地元に住む英語母語話者（とりわけ
子ども）のフランス語習得について研究していた。周知のように，カナ
ダには歴史的にイギリスを中心とした英語系移民，フランスを中心とし
たフランス語系移民の2つの勢力があったため，事実上，英語とフラ
ンス語が公用語となっている（私が訪れたことのある都市でも，道路標識
やレストランのメニューなど英語とフランス語が併記されている場面をいく
つも目にした。余談だが，カナダの国歌は，英語とフランス語の両方で歌わ
れることが多い）。

　当時，スウェインは英語を母語とするフランス語学習者にとって，フ

ランス語のインプットを大量に取り入れることができるカナダという場所は，理想的な学習環境だと考えていた。ところが実際の学習成果を見てみると，聴解能力にはネイティブ並みの伸びが確認されたが，文法能力や社会言語学的能力（場面や相手に配慮しながら，適切に言語を使い分ける能力）には期待したほどの伸びが見られなかった。その原因として，彼女はアウトプットの機会が不足していること，逆に言えばアウトプットを産出することにより第二言語習得は促進されると主張した。

　この他にも，アウトプットの大切さを示す研究はいくつも報告されている。例えば，言語習得にはインプットだけでは不十分であり，アウトプットも必要であることを示唆する例として，テレビからは言語習得ができないことを実証的に示したクールらの研究（Kuhl et al., 2003）や，2つの言語を聞いて理解することはできるが，1つは話せないといった「受容的バイリンガル」と呼ばれるケースの報告などがある。また，脳科学の研究分野においても，私たちの脳は何度もインプットを繰り返すよりアウトプットを繰り返す方が，脳回路への情報の定着が良いこと，すなわち長期間にわたって情報を安定して保持できることを示した研究（Karpicke & Roediger, 2008）も報告されている。これらはいずれもアウトプットの必要性や重要性を裏づけるものだと言える。

　では，第二言語習得においてアウトプットはどのような役割を果たしているのだろうか。ここではこれまでの研究を踏まえ，主として4つの役割について確認する。

　1つ目に，自らの第二言語能力の「穴」に気づくことが挙げられる。例えば，何らかのメッセージを目標言語で伝えようとする際，「あれっ，あの単語，英語で何て言うんだったろう？」と考えた経験は誰しもあるだろう。私たちは実際にアウトプットしてみることにより，何が言えないのかを認識することができる。それはパズルでいうところの欠けているピースを見つけるようなものであり，そのピース（言えないこと；穴）に気づき，そこに注意が向けられることにより，言語習得が促進される可能性が高まる（Gass & Mackey, 2007）。つまり，言えなかったこと

に気がつくことで，のちに類似したインプットに出会った際，そのインプットに注意が向きやすくなると考えられる。例えば，ある授業でクラスの前に出て即興でスピーチしなければならない学生がいた。彼ははじめに「僕はあがり症で…」と言いたかったようだが，その時には適切な単語・表現が思い浮かばなかった。発表後，自らの席に戻った彼は早々に電子辞書を調べ，"stage fright" という表現を見つけていた。こういった表現はおそらく市販の単語帳などでも紹介されているだろうが，彼にとってはこの表現を何度も単語帳を通じてインプットするより，上記のようなアウトプットの経験を1度でもした方が，より記憶に残ったであろうことは想像に難くない。

　アウトプットが言語習得を促進する2つ目の理由として，自らの中間言語に関する仮説を検証する機会が生まれることが挙げられる（認知プロセスにおける「仮説検証」の役割については，第2章を参照）。私たちが言語を見たり聞いたりする（＝インプットする）際は，すでに自らの知識として持っている情報（中間言語）に基づきながら，それらを分析・理解する。同様に，言語をアウトプットする際にも，自らの知識に基づいて立てた仮説が正しいのかどうか確かめることができる。

　例えば，職場で同僚の英語母語話者に "Is Kazumi still at work (in the workroom)?" と聞かれた場合，英語の初学者であれば，"She (already) left office." と答えるかもしれない。おそらく，尋ねた相手は「んっ？」といった表情を浮かべるだろう。このようなフィードバックがあれば，発話者は自らの中間言語に何らかの間違いがあったのかもしれないと気づいたり，その結果，中間言語を修正する機会を得られるであろう（ちなみに，"She left office." は「彼女は退職した」の意味。"She left *the* office." で「彼女は会社を出た（退社した）」）。

　逆に，あまり自信のなかった単語や表現を使った際に，相手が何ら問題なく「そうだね」などと受け答えしてくれると，自らの中間言語が正しかったのだと確信することができる。このように，アウトプットすることは中間言語に関する仮説を検証する場となり，そのような機会は言

語知識を内在化する（気づき，理解したインプットを学習者の中間言語へと取り込む）うえで重要な役割を果たす。

　3つ目の理由としては，アウトプットはインプットとは異なる言語処理を促進することが挙げられる。例えば，先述したように，私たちが普段ニュースで英語の天気予報を聞くような場合，あまり細部にこだわるような聞き方はせず，キーワードとなる単語・表現から，その意味内容を推測・理解しようとする。一方，同じ内容をアウトプットしようとする場合には，言いたいことを表現するうえで適切な語彙・表現や文法項目はどのようなものか，自ら考えながら選択・判断する必要がある（例：「"weather" には冠詞 "a" や "the" が必要だろうか，あるいは無冠詞だろうか」「今週末（this weekend）と言いたい場合，未来形を使った方がよいだろうか，あるいはすぐ近くのことなので，現在形でよいだろうか」）。つまり，インプットは「意味処理」（semantic processing）を促進するのに対して，アウトプットは意味処理に加えて文法などの「統語処理」（syntactic processing）を促進する。このことから，言語処理的に見るとインプットとアウトプットはかなり性質の異なった作業を行っており，効率的な言語習得にはやはりインプットだけでは不十分なことがわかる。

　最後に，アウトプットが言語習得を促進する4つ目の理由として，言語知識の自動化を促進することが挙げられる。伝えたいメッセージを表現するために，一度身につけた単語や文法を瞬時に組み立てるというのは，それほど容易なことではない。このことを示す具体的な例として，Levelt（1989）によるスピーチプロダクション・モデルを紹介する（図4-2）。このモデルは，私たちがどのようなプロセスを経て，言語を産出（アウトプット）しているかを理論的に示したものであり，近年の第二言語習得研究においても幅広く参考にされているものである（Bygate, 2005; Ellis, 2005; Housen et al., 2012; Kormos, 2006）。

　このモデルによれば，言語の産出は大きく3つのプロセスから成り立っている。「概念化」（conceptualizer）では，まず伝えたいメッセー

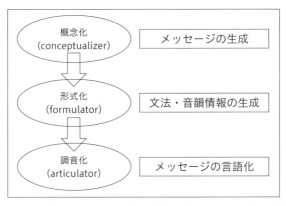

図4-2：Levelt（1989）によるスピーチプロダクション・モデル（簡略図）

ジが生成される。この時点ではメッセージはまだ概念のレベルであり，言葉にはなっていない。つぎに「形式化」（formulator）では，生成されたメッセージが言葉に変えられる。ここでは話者は伝えたいメッセージに対応する語彙や文法，音韻情報などを長期記憶から取り出してくる必要がある。最後に「調音化」（articulator）では，言語化された情報が音声となって産出（アウトプット）される。母語での言語産出は上記のプロセスが自動化され，ほぼ無意識的に行われる。すなわち，私たちが母語で何かを伝えようとした場合，メッセージを生成した瞬間に，それをほぼ同時に口に出すことができる。

　一方で，第二言語での産出ではこのプロセスが必ずしも自動化されておらず，とりわけ習熟度の低い学習者は図中の矢印部分をかなり意識的に行う必要がある。アウトプットを繰り返し行うことにより，この矢印部分が徐々に強化され，結果として言語知識の自動化が促進されることになるのである。

（4. 3.）アウトプットの「質」を高める効果的方法とは？

　ここまでは言語習得におけるアウトプットの役割について述べてき

た。では，第2章で示した第二言語習得の認知プロセス（気づき，理解，内在化，統合）を効率的に促進するには，どのようなアウトプット活動が必要なのだろうか。以下では，アウトプットの「質」といった観点から，それぞれのプロセスごとに効果的な活動を提案する。

(1) 気づき

インプット同様，気づきを喚起するためには，私たちの注意が特定の項目（例：学習／指導したい言語項目など）に向けられる必要がある。その際，注意を向けられる対象は学習者自身が起点となるのか，あるいは教師など学習者以外が起点となるのかによって，大きく2つのパターンに分けられる。以下，「図形描写」（picture description）の活動を例に挙げながら，それぞれについて説明する。

この活動では学習者2人がペアを組み，1人は特定の図形や写真（教師が用意してもよいし，学習者が自分で選んでもよい）について英語で説明し，もう1人はその図形や写真を見ずに，パートナーの英語による説明を聞きながら描写する。学習者の習熟度に応じて，描写する時間を調整したり（私の経験では，3〜5分程度がベスト），質問を許可／禁止したりすることができる。図4-3は描写に用いた図形の一例，図4-4は実際に大学生が書いた図形のサンプルである。

図4-3：描写に用いた図形（1）（British Council, 2004）

72

図 4-4：大学生が書いた図形のサンプル

　この際，図形を説明する側は，必要となる単語や表現を必ずしもすべて知っている（使える）わけではない。今回の場合であれば，2 人の少年・少女が縄跳びをしているが，これを英語でどう表現したらよいのか，煙突や（家の前にある）小道は英語で何と言うのか，"sun" と "son"，"grass" と "glass" の発音はどう異なるのかなど，いくつかポイントになりそうな点がある。

　もし，このような点に説明する側がつまずいた場合，そこには気づきが生まれる可能性がある。すなわち，例えば 1 度目に説明した際にはうまく言えなかった表現，わからなかった単語はメモしておき，2 度目に挑戦する際には調べた単語や表現を意図的に使うようにすれば，特定の言語形式（その学習者にとっては，中間言語の「穴」）に注意を向けさせることができる。このようなタイプの活動は，個々の学習者がわからないところにそれぞれ注意を向ける（向けさせる）という点で「学習者が起点である」(learner initiated)，あるいは指導の観点からは「反応的」(reactive) な活動と言える。

　一方，学習／指導したい言語形式をあらかじめ決めておくこともできる。例えば，次ページの図 **4-5** のような公園を描写する場合，事前に使用する単語や表現を与えておき，それらを使って図形を説明してもらうということも可能だろう。この場合，学習／指導したい項目に意図的に注意を向ける（向けさせる）ことになり，「教師や他者が起点である」(teacher/other initiated)，あるいは指導の観点からは「事前計画的」

（proactive）な活動と言える。

in the top right/left corner
in the bottom right/left
　corner
in the northeast/southwest
　corner
in the middle
next to
across from
facing
leading from ... to ...

図4-5：描写に用いた図形（2）（Blackwell & Naber, 2006）

　これらの活動を行うにあたっては，必ずしも図形や写真が必要になる
わけではない。例えば，頭のなかで英語を組み立て，言ってみるといっ
た「リハーサル」（rehearsal）にも同様の効果が期待できる。情景描写
や今日の出来事などを独り言で言ってみたり，ニュース，スポーツの試
合を見ながらコメントしてみたりといった活動が考えられる。このこと
に関連して，以前，私の授業を受講していた学生が以下のようなコメン
トを書いていた。

「（前略…）私は妄想が趣味で，暇さえあれば頭のなかでさまざまな物語が繰
り広げられていたりするんですけど，中学三年生くらいの時から，たびたび
英語のネイティブスピーカーのお兄さんお姉さんたちが私の脳内に現れて，
道を尋ねてきたり友達になろうぜ！って言ってきたりするんです。彼らは日
本語がわからないようなので，私は英語で話してあげなきゃいけないわけで，
お気楽な妄想のはずが，私は頭のなかで必死で英文を組み立ててたりするん
です。中学生の時なんか電子辞書を持ってなかったので，私の脳内に現れた
ネイティブスピーカーのお兄さんとおしゃべりするために，下校中にリュッ

クから紙の辞書を取り出して，単語を調べながら歩いたりしてました。いろんな意味で危ない子供だったと思います（笑）。ちなみに，今でもお兄さんお姉さんとは仲良しですよ。もし先生が私を見かけたとき，なんかボーっとしている様子だったら，たぶん私は確実に彼らとおしゃべりしているんじゃないかと思います。そんな私をこれからも見守っていてください。」

　これはかなり特殊なケースとしても，上記のコメントからは，頭のなかでの「妄想」が一種のリハーサルとして機能していた様子が伺える。第二言語習得に関する研究では，リハーサルは他の方略と並んで重要な学習方略の1つとして位置づけられており，脳科学の分野では，fMRI (functional magnetic resonance imaging; 磁気共鳴機能画像法）による実験により，声に出して実際に言う場合と声に出さず頭のなかで言う場合，脳内では類似した活動が行われていることが明らかにされている。1人で行うリハーサル活動によっても，自らの中間言語の「穴」に気づくような経験は十分に可能であり，そのような活動は実際に声に出してアウトプットしたり，2人以上によるインタラクションを伴う活動の不足を十分に補いうることが示唆される。

(2) 理解・内在化
　後述するように，第二言語習得の認知プロセスやスピーチプロダクションの自動化を促すためには，アウトプットの「量」は不可欠である。しかし，その一方で，アウトプットの中身（すなわち，「質」）を気にしないと，ある特定の言語項目や規則が誤って習得され，その誤用がそのまま定着してしまう「化石化」(fossilization) が起きる。例えば，Johnson (2008) では化石化の例として，"Fish-and-Chips Syndrome" と呼ばれる現象について紹介している。
　ある英語の初学者が観光でイギリスを訪れた。そこで彼は，まずその土地の名物が食べたいと思い，地元のレストランに出かけて Fish and Chips を注文した。彼は英語があまり得意ではなかったため，レスト

ランでは "*Give to me fish and chips." のような表現を使った。これ
は英語としては多くの誤りを含むものだが，レストランでの会話として
は通じるものだろう（つまり，おそらく彼は無事に Fish and Chips にあり
つけるだろう）。このような経験を何度か繰り返してしまうと，誤ったま
まの表現を身につけてしまう可能性が高い（正しい言い方の例としては，
"I'd like fish and chips please?"）。したがって，アウトプットする際に
は，言語の特徴への気づきを促すだけでなく，気づいた言語情報がどの
ような形式でどのような機能を果たすのか仮説を立て（仮説形成），そ
の仮説が正しいのかどうか確かめる（仮説検証）機会を十分に持つ必要
がある。

　近年の第二言語習得研究では，このようなプロセスを促す手段とし
て，いくつか効果的な方法を提案している。例えば，「ディクトグロス」
(dictogloss) と呼ばれる方法がある (Jacobs, 2003; Wajnryb, 1990)。こ
の方法では，比較的短いテキストを聞き（あるいは読み）ながら，知っ
ている単語や表現のメモを取る。学習者はそのメモを参考にしながら，
もとの文章をペアまたはグループで復元する（1人での実施も可能）。そ
の後，復元されたものを原文と比較・分析するといった活動である。

　類似した活動にディクテーション (dictation) が挙げられるが，ディ
クテーションは聞こえてきた音声を機械的に書き取るという，受動的な
方法であるのに対して，ディクトグロスは学習者自身が言語的知識を総
動員して原文を復元しなければならず，その意味でかなり能動的な方法
となる。復元する過程では，自らの中間言語に基づいて立てられた仮説
が正しいのかどうか確かめたり，復元できなかった（誤った）ところを
確認したりする機会を得る。このような機会は文法・語法に対する気づ
きを促し，のちの言語習得を効果的に促進するものと考えられる。

　また，同様に注目を集めている活動に「タスク」(task) が挙げられる。
タスクと似たような用語に「アクティビティ」(activity) があるが，ア
クティビティは特定の文法や語彙・表現などを用いて行うコミュニケー
ション活動である一方，タスクはアクティビティのように特定の言語形

式を使用するといった制限はなく，意味のやり取りを通じて与えられた課題を達成することを目標とした活動のことを指す（柴田・横田, 2014）。したがって，アクティビティとタスクは似た概念だが，前者は文法の習熟がメイン，後者は課題の達成がメインと考えられる。

　タスクの具体例としては，対話者間に情報のずれを作り，情報交換をしてそのずれを埋めなければ解決できない課題を設定するといった「インフォメーション・ギャップ・タスク」(information gap task) や，学習者が解決すべき問題を共有し，仲間と協力してその解決を目指すといった「問題解決タスク」(problem solving task) などさまざまな種類がある。

　このようなタスクに従事することにより，対話者間には豊富な「意味交渉」(negotiation of meaning) の機会が生まれる。例えば，相手の言ったことがわからなかった場合，"What did you say?" といったように聞き返す「明確化要求」(Clarification request)，自分が言ったことを相手が正しく理解しているかどうかを確かめる場合，"Did you get that?" などのように理解を確かめる「理解度チェック」(Comprehension check)，相手が言ったことを自分が正しく理解しているかどうかを確かめる場合，"Is this what you mean?" などのように尋ねる「確認チェック」(Confirmation check) などがある（これら 3 つの頭文字を取って，「3Cs」と呼ばれることがある）。これらの意味交渉を通じて，学習者は「そうだよね〜」「んっ？」といった反応（フィードバック）を相手から得ることができる。そのような機会は学習者の中間言語を検証・修正し，言語知識の「内在化」を促す場として重要な役割を果たす。

(3) 統合

　アウトプットを繰り返すことによって，言語知識の自動化，すなわち「統合」が促進される。先述した Levelt (1989) のスピーチプロダクション・モデルからも明らかなように，第二言語でより流暢に発話ができるようになるためには，「概念化」→「形式化」→「調音化」のプロセス

がよりスムーズに行われる必要がある。教室内の一斉授業でも，一人の自学自習でも容易に実施できる「タスク・リピティション」（task repetition）は，このプロセスの熟達化を促す有効な方法の1つである。

　タスク・リピティションでは，学習者は文字どおり，同じアウトプット活動（タスク）を繰り返す。1回目にタスクに取り組む際，多くの学習者は何とか意味を伝えようとして，とにかくしどろもどろで喋る。この時，彼らの意識は意味内容に集中する。すなわち，「どう話すか」よりも，「何を話すか」に意識が集中してしまいがちになる。それに対して，2回目以降は少し余裕が出てくるため，意味と文法両方に意識を向けられるようになる。結果として，言語形式と意味の結びつき（form-meaning mapping）が強化されやすくなる。

　一般に，タスク・リピティションには，まったく同じタスクを繰り返す方法（exact repetition）と，同じ種類のタスクで中身（情報）を変える方法（procedural repetition）があるが，過去の研究では後者の方が正確さの程度が高まったり，言語形式への注意も高まることが指摘されている（Kim, 2013; Kim & Tracy-Ventura, 2013）。また，学習者にとっても同じタスクを単純に繰り返すより，中身や手順を若干変えた方が飽きずにタスクに取り組むことができると考えられる。具体的には，タスクの制限時間を3分，2分，1分と徐々に短くしたり，ペアで実施する場合であれば毎回パートナーも変えたりすることで，反復による練習を単調にさせない工夫が可能になる。

　上記と類似した活動として，青谷（2012）ではいくつか興味深い学習法を紹介している。例えば，"15/45 Exercise" は特定のトピックを与えられた後，15秒考えて45秒喋るといった練習方法である。15秒という短い時間のため，学習者は十分なプランニングができない状態でアウトプットすることを求められる。このような練習を繰り返すことにより，とくに「概念化」（言いたいことのコンセプト・概念を生成する）から「形式化」（生成したコンセプト・概念を言語化する）のプロセスが強化されると考えられる。なお，著者のウェブサイト（http://aoitani.net/

TOEFL_Speech/TOEFL_Speaking.doc) からはトピック例が自由にダウンロードでき（青谷（2012, p. 87）によれば，その数は 2012 年 2 月時点で計 2,000 以上），言語知識の自動化（統合）を促進する格好の教材となっている。同じく，"Free translation" は単なる和訳や逐語訳ではなく，意訳してアウトプットするといった練習方法である。トピックとしては，図 4-6 のような 2 つのタイプ（事実羅列型，意見・思考型）があり，こちらもウェブサイト（http://aoitani.net/Facts.doc; http://aoitani.net/Opinions.doc）からダウンロードできる。この活動も「概念化」から「形式化」のプロセス強化に寄与すると考えられる。

Topic A [事実羅列型]:	Topic B [意見・思考型]:
一朝，目を覚ますと 7 時半だった。 ・普段より 30 分遅い。 ・駅へ走って向かった。 ・電車に飛び乗った。 ・授業が始まる 2 分前に教室に滑り込んだ。 ・汗だくは俺だけだ。	一何のために大学に来るのか。 ・学問のためとは偏り過ぎている。 ・就職のためだけだとも思わない。 ・教養を身につけるとはよく言われる。 ・しかし，何を学べば良いのか。 ・学ぶべきことが学べる場所か。

図 4-6："Free translation" の具体例（青谷，2012）

4. 4. アウトプットの「量」を増やす効果的方法とは？

ここまではアウトプットの「質」について，第二言語習得の認知プロセスと関連づけながら検討してきた。なかでも「気づき」は，認知プロセスを促進するうえで重要な役割を果たす。例えば，自分の中間言語の穴に気づくようなアウトプットを経験した学習者は，それ以降，その穴を埋めるような言語形式（あるいは形式―意味―機能のつながり）に注意が向きやすくなる。結果として，言語習得が促進される可能性が高まると考えられる。一方で，第二言語の習熟にはできるだけ多くのアウト

プットが必要になることも，また事実であろう。

　では，アウトプットの「量」を増やすためにはどのようなことに気を
つければよいのだろうか。以下では，第3章で挙げたインプットを取
り込む際の4条件を参考にしながら考えてみたい。

(1) 有意味性

　インプットを大量に取り入れるには，まずそのインプットが理解可能
でなければならないことは3章で述べた。一方，アウトプットに関して，
「理解可能ではない」アウトプットを自ら意識して行うというのは想像
しにくいであろう。むしろここで大切になるのは，意味のある（メッ
セージ性のある）アウトプットを行うということである。アウトプット
とは何らかのメッセージを産出するために，言葉を話したり書いたりす
ることである。その点で，先述したように単なる機械的な反復や音読・
シャドーイングは，厳密な意味でのアウトプット活動とは異なる。

(2) 関連性

　インプット同様，アウトプットを行うにあたっては，自分の興味・関
心と関連があるトピックの方が望ましい。例えば，社会性の高い話題や
時事問題について話すあるいは書くより，日常生活での話題や出来事に
ついて話したり書いたりする方が取り組みやすいと思われる。また，類
似した興味・関心を持つ学習者が集まって「スタディグループ」を作り，
定期的に勉強会を行う（例：教員採用試験に向けて，英語のみの授業を実
践し合う）というのも，効果が期待できる方法であろう。

(3) 音声と文字のアウトプット

　私たちが一般にアウトプットと言った場合，スピーキング（音声）を
思い浮かべることが多いのではないだろうか。実際，学習者の多く（と
りわけ，EFL環境で英語を学ぶ大学生）は4技能のなかで話すことがもっ
とも苦手であると認識しており，大学の英語授業を通じてとくに話す力

を上達させたいと考えている（大学英語教育学会実態調査委員会, 2007; Matsuda & Gobel, 2004）。

　一方でライティングの重要性は近年，日増しに高まっている。例えば，インターネットの普及・発達などにより，国際ビジネスにおける通信手段として E メールは広く使われるようになった。音声だけでなく，文字によるアウトプットを意識したバランスの良い学習を心掛けたい。

(4) 文法への注意

　先述したように，インプットとアウトプットの大きな違いは，必要となる言語処理の仕方にある。通常，インプットを処理するにあたっては，取り入れる情報の意味内容を理解することに焦点があてられる。一方，アウトプットの際には，伝えたい意味内容とともに，その内容をいかにして伝えるか，具体的な言語形式や文法にも注意を向ける必要がある。アウトプットにおける「真正性」（本物らしさ）を高めるとは，このような文法などの統語処理にも注意を向ける機会を確保することに他ならない。

4.5. アウトプットの「量」を増やすためにお勧めしたい教材ソース

　では，私たちにとって，上記の4条件を満たした「理想」のアウトプット活動とはどのようなものだろうか。インプット同様，例えば「関連性」などは学習者によって，それぞれ興味・関心の対象が異なるだろう。加えて，アウトプットにはつねに相手が必要であり，独学ではなかなか学習しにくいと考える読者もいるかもしれない。

　以下では，先に挙げた4条件を満たしたアウトプット活動を行いやすいと考えられるソースのうち，独学でも活動が可能で，第二言語習得の認知プロセスを促進すると思われるもの，私が実際に試してみて良かったと感じたものをいくつか紹介する。

〈初級向け〉

■英語試験の受験を通じたアウトプット活動

　私がまずお勧めしたいのが，スピーキング／ライティングテストを使った英語学習である。現在，スピーキング／ライティングを含む英語試験はかなり多く実施されている（例：TOEFL iBT®，TOEIC®S&W，英検の二次試験，TEAP）。これらのテストをうまく活用することにより，効果的に「疑似的」アウトプットを経験できる。

　ここでは具体例として，TOEIC®S&Wテストのスピーキングを取り上げる。スピーキングのパートは全部で5つ（①音読問題，②写真描写問題，③応答問題，④提示された情報に基づく応答問題，⑤意見を述べる問題）から成り，後半に行くほど難易度が高くなっている。

　例えば，写真描写問題（先に紹介した図形描写活動と類似）では，45秒の練習時間の後，30秒の描写時間が与えられる。応答問題はインタビューなどの設定で質問に答えるというものだが，準備時間なしで15秒または30秒で設問に答える。いずれもスピードを試される即応即答の問題だと言える。

　一方，提示された情報に基づく応答問題では，提示された資料や文書（スケジュール等）に基づいて，設問に答える（準備時間45秒，解答時間15秒または30秒），意見を述べる問題では，あるテーマについての意見と理由を述べる（準備時間45秒，解答60秒）ことが求められる。ここではスピーキングの基礎力だけでなく，英語で考えをまとめて発信する能力が求められる。

　こういったテストを定期的に受験することにより，自分のスピーキング・パフォーマンスを客観的に振り返る機会が得られる。このような機会を通じて，テスト本番でうまく言えなかったこと／書けなかったこと（＝自らの第二言語能力の「穴」）に気づくとともに，その「穴」を埋めるために必要な言語形式や文法に注意を向けた学習が可能となる。

■スピーキングテストの問題集を使ったアウトプット活動

定期的にスピーキングテストを受験し，「腕試し」をするというのは良いことだが，いずれのテストもそれなりに受験料が高く（1万円前後のものが多い），それほど頻繁に受験できるわけではない。また，テストとなると，その結果（スコア）に一喜一憂してしまい，冷静に受験時の状況を振り返ることが苦手な読者もいることだろう。

そういった読者に紹介したいのが，先述したスピーキングテストの問題集を使ったアウトプット活動である。代表的な英語試験に限っても，すでに多くの問題集が出版されている。例えば，安河内（2013）では，代表的な英語スピーキングテストにおいて共通して求められる3つの力（基礎発話力，伝達力，論理的展開力）を明らかにし，それらを鍛えるためのさまざまなトレーニング方法を紹介している。全体の構成はTOEIC® スピーキングテストの出題形式に沿った形になっているが，他のテスト対策にも使えるだけでなく，英語によるアウトプットの瞬発力を自学自習しながら高められるように工夫されている。

- ★ 安河内哲也（2013）.『評価ポイントで攻める！英語スピーキングテスト大特訓』アルク.
- ★ Educational Testing Service（2015）.『TOEIC®Speaking & Writing 公式テストの解説と練習問題』財団法人国際ビジネスコミュニケーション協会.
- ★ Educational Testing Service（2021）.『公式 TOEIC®Speaking & Writing ワークブック』財団法人国際ビジネスコミュニケーション協会.

■シミュレーション英会話

スピーキング／ライティングテストを使った学習は少し堅苦しいと感じた読者には，こちらの英会話学習サイトをお勧めしたい。このサイトでは，日常会話，旅行，ビジネスなど，さまざまな場面で使える単語やフレーズを音声と動画の両方で学ぶことができる。

私がアウトプットの4条件の観点からとくに有益だと感じたのは，

「英会話ロールプレイ」（https://eigoland.net/roleplay/）だ。自分の興味があるトピック（海外旅行なら，搭乗手続き，入国審査，ホテル予約，現地ツアーなど）を選び，ロールプレイをしている感覚で，場面や状況に応じた適切な返答や英会話の流れを疑似体験することができる。楽しみながら英語を学びたい方は，ぜひチェックしてみてほしい。

★ シミュレーション英会話（https://eigoland.net/）［左］

★ SimEnglish 公式 YouTube チャンネル
（https://www.youtube.com/c/SimEnglish）

■シャベリカ

『シャベリカ』とは教育同人社から発売されているトランプである。各カードに1つずつ，身近で興味を引くテーマ（計54個）が日本語で書かれている（例：「生まれてきてよかった！と思う時」「あなたの思う，格好いい"大人"とは？」「集めているポイント」）。私はこれを授業で使い，学生が英語で即興でアウトプットできる能力を鍛えている（ランダムに1枚ずつ引かせ，当たったトピックについて1分ほど話してもらう）。じつはこれを隠れて，自分一人の時にもやっている。ぱっと出てこなかった語彙・表現などはメモしておき，あとで確認する。自分の英語力の「穴」に気づき，それを埋めるために必要な学習が可能になる。

★ シャベリカ
（https://www.djn.co.jp/educational/shaberica.html）

■英語日記，英語学習日記

日記やブログを書いたり，ツイッターやインスタグラムを投稿している読者も少なくないだろうが，それを英語でやってみるのはいかがだろうか。数行程度の少ない分量でも，毎日続ければ，かなりの「量」のアウトプットを確保することができる。内容について，とくに決まりがあるわけではないが，その日の出来事や印象に残ったこと，その日に学んだ語彙や文法をそれらが使われていた場面（構文やコロケーションなど

を含む）とともに記録するとよい。

　効果がありそうなのはわかるが長続きしそうにない，という方には「スピーキング日記」をお勧めする。文字通り，スピーキングによる日記である。もちろん，録音などをしても構わないが，まずは2〜3日，気楽に独り言をしゃべるようにやってみていただきたい。これだと敷居が低く，継続できる可能性がぐっと上がる。

　★ 石原真弓（2007）.『はじめて英語で日記を書いてみる』ベレ出版.
　★ 水嶋いづみ（2015）.『これなら話せる！セルフトークで英会話』研究社.

〈中級〜上級向け〉

■ Skype（スカイプ）などを使ったオンライン英会話

　パソコンの無料通信ソフト「スカイプ」などを使って，インターネット上で英会話の学習ができるサービスが増えている。代表的なものとしては，「レアジョブ英会話」，「ラングリッチ」，「DMM 英会話」などが挙げられる（有料のものが多いが，価格的には毎日25分話せるプランで月額6,000〜8,000円程度，1回あたり200円程度が主流）。多くのサービスでは自分のスケジュールや目標に合わせて，学習内容をかなり柔軟に決めることができる。1回のレッスンも25分となっており，ちょっとした隙間時間でもスピーキングの練習をすることができる。私自身も一定期間利用したことがあるが，あまり勉強しているという感覚を持たずに，英語を毎日話すことを習慣化できるように感じた。

　★ レアジョブ英会話（https://www.rarejob.com/）［左］
　★ EnglishCentral ラングリッチ（https://www.langrich.com/）［中］
　★ DMM 英会話（https://eikaiwa.dmm.com/）

■ 英語便

　「英語便」とは，英文添削を通じて，自然で豊かな英語を身につけていくためのオンラインサービスである（有料。コースにより価格は異なる）。メール，ビジネス文書，エッセイなど多様なタイプや目的に応じ

た英文を数多く書き，添削を受けることができる。これまでの受講者 1 万人以上の英文ライティング傾向を分析し，日本人英語学習者がよく間違える英語の使い方，その修正ポイントなどのデータを蓄積し，サイトで公開している（英語便, 2012）。

この他，類似したサービスとして "HiNative" という語学学習用のウェブサイト（アプリ）は是非一度試してみていただきたい。こちらは学びたい言語のネイティブ同士で相互に質問できるといったサイトであり，現在は英語を含む外国語（計 113 言語）のネイティブスピーカーが登録している。アウトプットの「量」を確保するだけでなく，異文化コミュニケーションを楽しめる（しかも無料で！），一石二鳥（三鳥）のサイトである。

★ 英語便（https://www.eigobin.com/）［左］

★ 英語便（2012）.『ネイティブ添削で学ぶ英文ライティング』研究社. ［『英語便』に関する公式ガイドブック］

★ HiNative（https://hinative.com/）

■ Grammarly

上記と同じく，ライティングに関する添削ツールだが，こちらは "Grammarly" のサイト上に英文をタイプするかコピー＆ペーストするだけで，瞬時に英文の校正をしてくれるサイト。「英語便」などでは添削に数日を要することもあるが，こちらはほぼリアルタイムで文法の不適切な箇所やスペリングの間違いを指摘してくれる。無料のサービスでも文法と英単語のチェックをしてくれるが，有料のサービス（月 29.95 ドル）を利用すると，英文の構成や冗長な言い回しがないかどうかなど，より細かな校正をしてくれる。

★ Grammarly（https://www.grammarly.com/）

■ Write & Improve

ケンブリッジ大学，ケンブリッジ大学出版，ならびにケンブリッジ大学英語検定機構が共同開発したサービス。AI 技術をベースにしたシステムにより，利用者が書いた英文を数秒で自動添削してくれるだけでなく，書いた英文が CEFR でどのレベルに該当するのかを教えてくれる。レベルや目的に応じて，事前にトピックが用意されているので，選んだトピックについて書くこともできるし，自分が書きたい課題を持ち込んでフィードバックを受けることもできる。

もともとはケンブリッジが提供する英語試験（IELTS やケンブリッジ英検）などの準備を想定しているため，それらの試験対策としても使えるが，ライティングに関して無料でフィードバックを受けられる本サイトは，自律学習を強力にサポートしてくれると思われる。

★ Write & Improve（https://writeandimprove.com/）

■ Tandem

最後に紹介するのは，言語交換アプリ "Tandem"。2015 年にヨーロッパで立ち上げられたサービスで，2023 年現在，ユーザーがすでに 2,000 万人を超えている。"Tandem" は有料版（1ヶ月 800 円）もあるが，無料版でもほぼ同様の機能が利用できる。利用にあたっては，事前に会員登録が必要（審査あり）。会員はすべて「母語」，「話せる言語」，「学習したい言語」を登録しているので，目的とマッチした相手を見つけることで，互いに自分の母語を教え合いながら，外国語を学ぶことができる。

類似したアプリには "HelloTalk" もあるが，こちらは匿名性が高い（登録時に審査なし，ニックネームで利用可能，生年月日の表示不要）のに対して，"Tandem" は匿名性が比較的低い（登録に審査あり，実名登録・顔写真が必要，生年月日の表示が必要）ことから，個人的には後者をお勧めしたい。ただし，いずれのサービスも，アプリ外の連絡先は教えない，携帯の位置情報はオフにする（"Tandem" では位置情報をオンにしていると，自分の居場所が相手に表示される）など，利用にあたっては十分注意

するようにしてほしい。

  ★ Tandem（https://www.tandem.net/）［左］

  ★ HelloTalk（https://www.hellotalk.com/）

練習問題

●復習編

(1)「U 字型発達曲線」に基づくと，言語習得は 3 つの段階を経て進むと考えられています。以下，正しい順序に並べ替えてみましょう。

   1. 習熟

   2. 暗記学習

   3. 規則抽出

(2) 第二言語習得において，アウトプットが果たす役割を 2 つ挙げて説明してみましょう。

●応用編

  皆さん自身にとって，先述した「4 つの条件」を満たした理想のアウトプットとはどのようなものですか。次ページに示すワークシートを使って，アウトプットを重視した英語学習を実際に体験してみましょう。

付録：アウトプット重視の英語学習法（ワークシート）

1. 選んだ教材について

選んだ アウトプット教材	4条件を満たしている理由			
	有意味性	関連性	音声と文字の アウトプット	文法への 注意

2. 学習内容・成果について
（上記の教材をどのくらいの時間，どのように使って学習したか？）

（どのような学習成果が得られたか？　新たな気づき・課題が見つかったか？
新たな学習目標が生まれたか？）

3. 新たに学んだ英語について
（どのような語彙・表現を学んだか？　最低，5つの語彙・表現をまとめる。）

文献案内

(1) 青谷正妥 (2012).『**英語学習論：スピーキングと総合力**』朝倉書店.

　著者がこれまでに実践し，効果が見られた英語学習法を，豊富な具体例とともにわかりやすく紹介しています。スピーキング力を高めることで，英語の運用力全体が引き上げられると考え，とりわけ「話す練習」に注目しているのが本書の特徴の1つです。第二言語習得の研究成果も視野に入れて書かれており，英語（スピーキング）を学習するうえでのポイントが理論と実践両方の観点からバランスよく学べます。

(2) 佐々木啓成 (2020).『**リテリングを活用した英語指導：理解した内容を自分の言葉で発信する**』大修館書店.

　英語の学習や指導において，なぜリテリング（読んだり，聞いたりしたことを，何らかの補助的なメモ等を見ながら，第三者に伝える活動）が有益なのかを簡潔にまとめたのち，教科書を使ったさまざまな活動例を詳細な手順とともに紹介しています。バラエティーに富んだリテリング活動を授業に取り入れたいと思っている教師は，具体的なアイディアを数多く得られます。

(3) Swain, M. (2021). **The output hypothesis: Theory and research.** In E. Hinkel (Ed.), *Handbook on research in second language teaching and learning* (pp. 471–483). Routledge.

　第二言語習得を成功させるためには，大量のインプットに加え，アウトプットが必要不可欠です。この論文では，アウトプット仮説が提案された背景を述べたのち，アウトプットが持つ3つの機能（気づき機能，仮説検証機能，メタ言語的機能）に焦点をあて，それぞれが第二言語習得においてどのような役割を果たしているのかについて解説しています。

4技能で一番重要な技能とは？

> 英語を習得するには，4技能（リーディング，リスニング，スピーキング，ライティング）のうち，どれが一番重要でしょうか。

　英語を学習する際，そこには何らかの目的や理由があるはずです。例えば，英語を学習する目的が「英語で書かれた小説（原書）を読めるようになりたい」であれば，リーディングを重点的に鍛えた方が目標達成の近道かもしれません。あるいは，「海外旅行先で，英語での簡単なやり取りができるようになりたい」といった場合，スピーキングの練習は必要不可欠でしょう。このように，言語習得はその目的に沿った形で行われることが重要であり，その意味では4技能のなかで特定の技能（だけ）が絶対的な重要性を占めているということはありません。

　しかし，（母語を含めた）言語習得の一般的な特性を考えると，話すことよりも聞くこと，書くことよりも読むことが先行するので，リーディング，リスニングといった「インプット」系の活動から，スピーキング，ライティングといった「アウトプット」系の活動といった順序が，より自然だと考えられます（第3章でも述べたように，そもそもインプットがなければ何も始まりませんし，もともとのインプット量が少なければ，アウトプットできる量はそれよりもはるかに少なくなります）。

　このように書くと，インプットとアウトプットの比率は「インプット＞アウトプット」と考えられるかもしれませんが，いつまでもこの状態ではいけません。例えば，2013年に国際ビジネスコミュニケーション協会（IIBC）が英語学習に意欲的な20〜50代のビジネスパーソン1,000名を対象に行った調査によると，英語能力を高めるために学習しているスキル（複数回答可）は，リスニング（86.3%），リーディング（62.2%），スピーキング（60.9%），ライティング（39.2%）となっており，バランスの悪い学習実態が明らかになっています。また，4技能すべてを学習していると答えた人は全体の25.9%に留まっています。

　一方，ビジネスシーンでどの程度，英語での対応ができていると思うかといった質問に対して，4技能すべてを学習している人とそれ以外の人では回答に大きな差が見られました（図4-7）。具体的には，ビジネスシーンでの英語対応について，4技能すべてを学習している人では64.8%が「できている」（「十分にできている」（13.1%）と「ある程度，できている」（51.7%）を合計）と認識しているのに対して，それ以外の人では51.8%（10.8% + 41.0%）に留まっており，その差は13ポイントも見られました。この結果から，4技能のバランス，言い換えれば，インプットとアウトプットのバランスを意識して学習している学習者の方が，英語の運用能力を効率的に伸ばしている可能性が高いことが示唆されます。

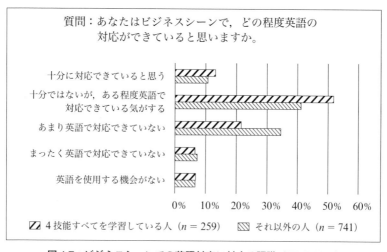

図4-7：ビジネスシーンでの英語対応に対する認識（IIBC, 2013）

　2008・2009年に公示された中学校・高等学校の学習指導要領において，「4技能を統合的に活用できるコミュニケーション能力の育成」が目標の1つとして謳われて以降，学校教育では4技能（2017・2018年公示の指導要領からは4技能5領域）を有機的に関連づけた指導を行うことが求められてきました。しかし，実際はなかなかうまく行っていないようです。

　例えば，文部科学省が中学校・高等学校における英語教育の状況について継続的に行っている調査（「英語教育実施状況調査」）の結果を見ると，中学校

で「話すこと」「書くこと」のパフォーマンステストを両方とも実施している割合は年々増え続けている（全体で9割を超えている）一方，高等学校ではその割合はいまだ4割に満たない状況です（文部科学省, 2022）。大学入試における出題形式の（アン）バランスもあり，高校生の学習や教室での指導はどうしても「読むこと」を中心とした読解，和訳，文法，語彙などに偏りがちという課題を指摘できそうです。

　しかし，ここ数年，このような実態を改善しようとする動きも見られます。具体的には，2020年度から始まった大学入学共通テストの英語科目では，「リーディング」と「リスニング」の配点が各100点で計200点満点となりました。また，入学試験に民間の英語資格・検定試験（例：英検，TEAP，GTEC-CBT）を活用する大学も増えています。もし，このような動きが今後も続けば，4技能を意識した学習・指導が幅広く浸透するはずであり，結果として，4技能のバランスが取れた英語運用能力を有する中高生が数多く育つことが期待できます。

ランゲージング（languaging）とは？

アウトプット仮説を提唱したスウェインは，学習者が自分のことばを用いて言語に関する説明をしたり，記述をしたり，省察をしたりするといった行為を「**ランゲージング**」（languaging; Swain, 2006）と呼んでいます。近年の SLA 研究は，このランゲージングが第二言語（英語）学習の効果を高めることを明らかにしています。

一般に，ランゲージングは「他者との対話」（other-directed talk）と「自己対話」（self-directed talk）の 2 つに大別されます。前者は，ペアワークやグループワークを思い浮かべると，イメージが湧きやすいはずです。例えば，ペアやグループで協働して行うライティング活動（collaborative writing）は，学習者が自分の言語知識だけに頼らなければならない個人のライティング活動に比べて，学習者同士が持つ知識を共有でき，認知的により高度な課題に対処でき，結果としてより高いパフォーマンスを上げる傾向にあることが，近年のメタ分析（Elabdali, 2021）の結果からわかっています。

ライティングはともすれば孤独な勉強と捉えられがちですが，仲間と協力する機会を持つことができれば，やる気も維持できる可能性が高まります。さらに，一人で勉強するよりは，仲間と一緒に取り組んだ方がはかどるといった「グループ型」の学習スタイルを持つ学習者は，協働的ライティングのような方法を積極的に試してみると良いと思います（学習スタイルの詳細については，本書第 7 章を参照）。

もう一方のランゲージングのタイプは，自己対話です。自己対話と聞くと，何か小難しいものといった印象を受けるかもしれませんが，私たちは日常の多くの場面で，本を読んだりニュースを見ながら小声でつぶやいたり，ふと思いついたことをノートに書き出したりといった行為を頻繁に行っているはずです。こういった何気ない行動を普段の英語学習に意識的に取り入れることで，学習の成果をさらに高めることが期待できます。

　自己対話の実践例として，授業で学んだ文法事項などに関して口頭で説明してみるといった活動や，自身が書いた英作文の間違いに対するフィードバックについて，なぜそのように訂正されたと思うかを説明してみるといった活動があります。実際の研究では，ジャーナルやポートフォリオ，振り返りシートなどを用いて，これらの活動の効果を検証していますが，言語に関する理解を深めることを助け，言語能力の向上につながることが多くの研究で確かめられています。

　近年，このようなランゲージングに関する最新の実証研究をまとめた論文集が出版されました（Suzuki & Storch, 2020）。本書では，先述した「他者との対話」と「自己対話」に関して，多様な学習環境や年齢の学習者を対象にした計 13 編の論文が掲載されています。全体の構成は，序論として編者らがランゲージングの理論的基盤，類似した概念（例：意味交渉）との違い，これまでのランゲージングに関する研究の成果と課題を簡潔にまとめた後，他者との対話に関する論文（7 編），自己対話については口頭によるもの（2 編），筆記によるもの（4 編）に関する論文が所収されています。

　この論文集のタイトル *Languaging in language learning and teaching* が象徴するように，ランゲージングは効果的な言語学習や指導と密接な関係を持っています。言語について，疑問に思ったことを言ってみたり，書き出してみると，どこがわかっていないのかに注意が向いたり，「わかったつもり」になっていることに気がついたりします。ランゲージングはまさに認知プロセスを促進する重要な学習方法の 1 つだと言えます。

5 言語学習をサポートする原動力：動機づけ

本章では第二言語習得において，動機づけがどのような役割を果たしているのかについて検討する。はじめに，第二言語習得研究における動機づけの扱われ方について確認する。つぎに，英語学習における代表的な動機づけの種類を整理した後，そのような動機づけがどう発達・変化するのかについて，実際のデータを示しながら紹介する。最後に，一般的には時間の経過とともに低下する傾向にある動機づけを高める方略について考える。

第二言語習得を効果的に促進するには，言語習得の認知プロセスのような一定の普遍性を持つ原理・原則に加え，それらだけでは説明できない学習者の多様性にも留意することが重要になる。

5.1. 才能か，努力か？

　これまでの第二言語習得研究では長らく，第二言語学習の成否について，なぜ学習者の間にこれほどまで差が生じるのかに疑問を持ち続けてきた。そこでの研究成果から明らかになってきたことは，学習者の個人差（individual differences; IDs）が学習の到達度に大きな影響を与えているということであり，第二言語習得に関する理論構築においても実際の教室指導での意思決定においても，個人差を考慮に入れる必要があるということであった（Dörnyei & Ryan, 2015; Li et al., 2022）。

　さまざまな個人差に基づく要因が第二言語の学習に影響を与えると言われるが，とくに学習者の「**言語適性**」（language aptitude）は重要なものと考えられている。適性とは「センス」や「才能」のようなものであり，言語習得に限らず，多くの場面において適性の有無が話題となる。

　では，ここで**表5-1**を見ていただきたい。表中の各項目について，才能と努力はそれぞれどのくらいの役割（100％のうちの何％）を果たすと思われるだろうか。正解・不正解があるわけではないので，直感で答えてみていただきたい。

表5-1：才能と努力（Gregersen & MacIntyre（2014）をもとに作成）

	才能　％	努力　％
(1)　ピアノを弾く		
(2)　早く走る		
(3)　パズルを解く		
(4)　歌を歌う		
(5)　本を書く		
(6)　友達を作る		
(7)　自分を理解する		
(8)　言語を学ぶ		

　項目によっては，才能と努力の割合が約50％ずつ，あるいはどちらかに大きく偏ると考えた読者もいるかもしれない。私の場合だと，生まれつき音楽（や楽器）のセンスがないと自覚しているせいか，「(1) ピアノを弾く」は才能が80％，いや90％近くを占めると考えてしまう。

　では，それぞれの分野で活躍する人物，あるいは自分が尊敬する人物（例：スポーツ選手，科学者，歌手）の場合はどうだろう。彼らは今現在のレベルまで，どのようにして到達したのであろうか。じつはそんな興味深い疑問に答えようとした調査（グラッドウェル，2009）がある。この調査では，偉大な成功を収めた起業家や世界的に有名なスポーツ選手など何かの分野で「天才」と呼ばれる人たちにインタビューを行い，彼

らに共通している「法則」を見つけ出そうとした。多くの天才へのインタビューの結果，何かの分野で天才と呼ばれるようになった人たちに共通していたのは，それまでに打ち込んできた時間がほぼ「10,000時間」だったということである。

　例えば，ベルリンの音楽学校でバイオリンを学んでいる生徒を，世界的なソリストになれる可能性を持つグループ，"優れたバイオリニスト"という評価に留まるグループ，そしてプロになれそうもなく，学校の音楽教師を目指すグループに分けて，各グループの練習量（はじめてバイオリンを手にした時から，これまで何時間，練習してきたか）を比較した。その結果，ソリストになれそうなグループの総練習時間は計10,000時間ほどで，他のグループよりも練習量が飛躍的に多かった。さらに，作曲家，バスケットボール選手，小説家，チェスの名人など，どの調査を見ても，いつもこの数字（＝10,000時間）が現れるという。以下，いくつか象徴的な箇所を引用する。

・「成功には才能プラス訓練が必要だ。だが，そのような考え方で問題となるのは，心理学者が才能のある人間の経歴を調べれば調べるほど，持って生まれた才能よりも，訓練の役割がますます大きく思えることだ。」(グラッドウェル, 2009, p. 45)
・「複雑な仕事をうまくこなすためには最低限の練習量が必要だという考えは，専門家の調査に繰り返し現れる。それどころか専門家たちは，世界に通用する人間に共通する"魔法の数字"マジックナンバーがあるという意見で一致している。つまり，10,000時間である。」(同上, p. 47)
・「10,000時間より短い時間で，真に世界的なレベルに達した例を見つけた調査はない。まるで脳がそれだけの時間を必要としているかのようだ。専門的な技能を極めるために必要なすべてのことを脳が取り込むためには，それだけの時間が必要だということのように思える。」(同上, p. 47)

　上記からはある意味で「練習量」がすべてといった見方もできるが，実際にはこの量が生半可なものではない。10,000時間ということは，1日3時間，365日練習したところで1,095時間，つまり毎日3時間練習しても約10年かかる計算になる。英語母語話者が日本語を習得するのにかかると言われる時間がおよそ2,200時間であることは先述したとおりだが，これと比べても膨大な時間であることは明らかである。

　では，この膨大ともいえる練習（＝努力）を支える熱意や情熱，やる気といったものはどこから来るのであろうか。これまでの第二言語習得研究では，こういった一連の心理現象を「**動機づけ**」（motivation）という研究領域のなかで扱ってきた。そこで以下では，動機づけとはどういった心理的特性を持つものなのか，英語学習との関連から考えていく。

5.2. 英語を学ぶ動機づけの中身とは？

　まず，動機づけの中身について簡単に整理しておこう。動機づけとは「特定の行動を生起し，維持する心理的メカニズム」であると考えられ，その中身は大きく3つの要素から捉えられる（廣森, 2010）。具体的には，

(1)「**動機**」（motive）…ある行動の目標や目的（「何を」といった方向に相当）を規定する。
(2)「**動機づけ**」（motivation）…ある行動の目標や目的の強さ（「どのくらい」といった強度に相当）を規定する。
(3)「**動機づける**」（motivate/motivating）…ある行動への働きかけ（「どのように」といった手段に相当）を規定する。

である。ここでとくに重要になるのは，「動機」と「動機づけ」を区別するという点である。

　以下に具体例を挙げる。一般に「英語を話せるようになりたい！」（でも，勉強は長続きしないんだよなあ）といったことはよくあるだろう。

この場合，学習者はすでに「動機」（どこに向かいたいのかといった方向）は定まっているものの，それを実現するだけの「動機づけ」（どのくらいエネルギーをつぎ込むのかといった強度）が不足していると考えられる。したがって，このような場合に求められるのは，学習時間や練習量の確保といった具体的な行動となる。

つぎに「どうして，英語なんかやってるんだろう…」と思いながら，勉強をするといった場合もあるだろう。このような時には，実際に行動はある程度起こしているかもしれないが，「何を」「何のために」といった方向性が定まっていないため，どこに向かってよいかが漠然としてしまう。したがって，彼らにとってはただ単純に学習時間や練習量を増やすといったような指導ではなく，今一度，学習目標を明確化するなどといったことがより必要となる。

さらに「英語？　時間の無駄でしょ」「英語とか，ありえない」といった（残念ではあるが）英語を学ぶことに対して拒絶反応を起こしている場合もまれに見受けられる。こういった学習者には，学習目標の明確化といった質的な側面に加えて，学習時間や練習量の確保といった量的な側面，双方から働きかけを行うことが求められる。

表5-2 はこれらそれぞれのパターンを1つの表にまとめたものである。ここから明らかなように，一般に「動機づけが低い（あるいは弱い）」

表5-2：動機づけが「低い・弱い」の3つのパターン

動機づけの状態	方向「何を？」	強度「どのくらい？」	有効な対処法
英語を話せるようになりたい！（でも，勉強は長続きしない。）	○	×	学習時間・練習量の確保
どうして，英語なんかやってるんだろう…。	×	○（△）	学習目標の明確化
英語？　時間の無駄でしょ。英語とか，ありえない。	×	×	学習目標の明確化学習時間・練習量の確保

郵便はがき

料金受取人払郵便

本郷局承認

5896

差出有効期間
2025年2月28日
まで

113-8790

東京都文京区湯島2-1-1

大修館書店 販売部 行

||||||||||||·||||·||·||||·||·||·||||·||||||||·|||||||||·||·||||||||·||||

■ご住所

| | 都
道
府
県 | | 市
区
郡 |

■年齢

歳

■性別

男

女

■ご職業（数字に○を付けてください）

1　会社員　　2　公務員　　3　自営業

4　小学校教員　　5　中学校教員　　6　高校教員　　7　大学教員

8　その他の教員（　　　　　　　　　　　）

9　小学生・中学生　　10　高校生　　11　大学生　　12　大学院生

13　その他（　　　　　　　　　　　）

24665　改訂版　英語学習のメカニズム

愛読者カード

* 本書をお買い上げいただきまして誠にありがとうございました。

(1) 本書をお求めになった動機は何ですか?

① 書店で見て (店名: ）

② 新聞広告を見て (紙名: ）

③ 雑誌広告を見て (誌名: ）

④ 雑誌・新聞の記事を見て　　⑤ 知人にすすめられて

⑥ その他 (）

(2) 本書をお読みになった感想をお書きください。

(3) 当社にご要望などがありましたらご自由にお書きください。

◎ ご記入いただいた感想等は、匿名で書籍のPR等に使用させていただくことがございます。

といった場合，少なくとも 3 つのパターンがあること，そしてそのパターンの違いによって，有効な対処法は異なる可能性があることには留意しておきたい。

　動機づけの中身を簡単に整理したところで，つぎは実際に「なぜ，外国語（英語）を学ぶのか？」といったことに議論を移そう。私がこの質問を学生に投げかける時，よく一緒に紹介するものがある。それは大学の街オックスフォード（イギリス）を歩いていた時に，ポストカードや看板で何度となく見かけた以下の言葉である。

Why study?（なぜ学ぶのか？）
　The more I study, the more I know.
　　（学べば学ぶほど，知識は増える）
　The more I know, the more I forget.
　　（知識が増えるほど，忘れることも増える）
　The more I forget, the less I know.
　　（忘れることが増えるほど，知識は減ってしまう）
　So why study?（では，なぜ学ぶのか？）

オックスフォードではどの学部や分野を専攻することになろうとも，"Why study business?"，"Why study sciences?"，"Why study English?" などと理由を聞かれることが多いそうだ。先述したように，私たち日本人はよく「英語ができない」と言われて（あるいは，自らもそう考えて）きたが，それは「できない」のではなく，単に「できなくても（学ばなくても）よかった」「できる（学ぶ）必要や理由がなかった」のかもしれない。

　次ページの図 **5-1** は，19〜20 世紀のアジアにおける植民地状況を示したものである。ここからも明らかなように，アジアで西洋諸国の植民地（あるいは勢力圏）になっていないのはタイ，そして日本だけであった。タイは当時，イギリスとフランスからの圧迫は受けていたものの，

地理的に両国の緩衝国家（buffer-state）となっていたこともあり，結果的に侵攻を免れることができた。本書 19 ページに挙げた TOEFL iBT® のスコアからタイの英語力を見てみると，その平均値は日本と同程度に低い。この原因はひょっとすると他国に植民地化されていなかったからかもしれない（つまり，日本と同じ理由で，母語以外の言語を勉強する必要がなかったからとも考えられる）。

図 5-1：19〜20 世紀のアジアにおける植民地状況の概略図
（d-maps.com（http://d-maps.com）の白地図を下図に，
Prentice Hall Inc.（2008）などをもとに作成）

　同じような状況はアジアに限ったことではなく，世界的に見ても存在していた。すなわち，多くの国々が英語をはじめとした何らかの外国語を勉強しなければいけない状況にあった。その一方，日本は幸か不幸か，そのような状況にはなかったわけであるが，にもかかわらず，なぜ，今英語を学ばなければならないのか。本当に学ぶ必要があるのか。例えば，小学校からの英語教育は必要なのであろうか。

　ここでもう一度改めて，読者の皆さんにも自らが英語を学ぶ動機（理由や目的）について考えていただきたい。どんな動機が頭にぱっと思い浮かんだだろうか（後述することとも関連するが，この「ぱっと」という部分が重要である）。

　比較的，よく見られるものとしては，「入試や英語試験のため」，「就活や昇進に有利」，「他文化への興味・関心から」，「親・教師・友達の影響」，「知的好奇心，趣味」，「（自分にとっての）チャレンジ」，「何となく（社会の決まりみたいなもの）」などが挙げられる。その他，とりわけ学習を始めたばかりの初学者のなかには「文字や音が魅力的」，「友達同士で使う暗号」といった理由で英語を学ぶ学習者もいる。

　こういったさまざまな動機を分類し，体系的にまとめようとした研究も数多く行われている。例えば，ガードナーらの研究（Gardner, 1985; Gardner & Lambert, 1972）では，第二言語学習に対する動機を「**統合的動機**」（integrative motive; 第二言語社会やその文化に同化・統合しようとする態度）と「**道具的動機**」（instrumental motive; 就職や経済的成功など，何らかの実利的目的を達成しようとする態度）の2つのタイプから捉えようとした。とくに統合的動機は言語学習独自の概念であり，現在までその概念の解釈や学習成果との関連をめぐって数多くの研究や議論が行われている。

　一方，言語学習に特化せず，より一般的な観点から学習動機を分類・整理しようといった流れも見られる。代表的なものとしては，知的好奇心，理解欲求，向上心など“ウチ”からの欲求である「**内発的動機**」（intrinsic motive; 第二言語を学ぶこと自体が目的となるような動機）と，報酬，成績，自尊心やプライド，他者からの影響など“ソト”からの圧力によって生まれる「**外発的動機**」（extrinsic motive; 第二言語を学ぶことは手段であり，それ以外に目的があるような動機）といった観点から動機の分類を試みるアプローチ（Deci & Ryan, 1985, 2002）も存在する。

　では，話を戻そう。英語を学ぶ動機（理由）として，すぐに4つ，

または5つほどの理由が思い浮かんだ読者はどのくらいいるだろうか。2つ，または3つといった場合はどうだろうか。あるいは，理由が1つしか，またはまったく思い浮かばなかったという読者はどのくらいいるであろうか。

　じつは最後にあてはまる読者は，かなり注意した方がよい。なぜなら，学習動機として「良い動機」，「悪い動機」があるわけではないが，学習の理由・目的が1つしかない場合，動機は非常に不安定な状態になる。

　例えば，高校や大学の受験を思い出してみてほしい。「受験を突破するために，英語を学ぶ」といった1つの動機だけに行動が支えられていた場合，その行動が成就した，あるいはしなかった（例：受験に成功した，失敗した）途端に，その動機は効力を失ったはずだ。ところが，複数の動機に支えられた行動（例：受験，海外の友達とメール交換，洋画を字幕なしで鑑賞）というのは，1つの動機が弱くなった（なくなった）としても，他の動機が行動を後押ししてくれる。つまり大切なことは，複数の動機をバランスよく有するということである。

　では，動機づけは時間の経過とともにどのように発達・変化するのか，あるいはその変化にはどのような要因が影響を与えているのかについて，次節では見ていくことにする。

5.3. 動機づけはどんな時に上がる／下がるのか？

　動機づけには，ある特定の状況や活動内容に依存しない一般的（静的）な動機づけと，状況に特化し，活動や場面の違いを反映した状況依存的（動的）な動機づけがある。

　例えば，「あの子って，モチベーションが高いよね」と言う場合，ここでは比較的，安定した一般的な動機づけを指していると考えられる。一方，「授業の開始5分間は集中できるけど，最後の方はなあ…」，「リーディングの授業は面白いけど，グラマーになるとね…」などといった場合，より不安定で状況依存的な動機づけを指していると言える。

　さらに，動機づけは1時間の授業，1日，1か月，1年などのタイムスパン内に大きく揺れ動いたり，1日のある場面で起きた出来事が1か月後の動機づけに大きな影響を与えたりといったように，タイムスパン間での相互作用も見られる。このように動機づけは必ずしもつねに一定の状態にあるわけではなく，まわりの学習環境と密接に関わり合いながらダイナミックに規定されている。

　では，動機づけはどんな時に上昇したり，下降したりするのだろうか。これまでの研究からは，学習年齢を重ねる（学習期間が長くなる）につれて動機づけは下降することが多いが，上昇に転じる時期が存在することも報告されている。

　例えば，図5-2は私の授業を受講していた大学生70名を対象として，彼らの中高大の合計8年間にわたる英語学習動機づけの変化（全体の平均値）をまとめたものである（廣森・泉澤，2015）。

　一見してわかるように，中3，高3において動機づけの顕著な上昇が見られる。これは類似した先行研究（林，2012; Miura, 2010）でも確認されている傾向であり，その主な背景には中3，高3においてそれぞれ

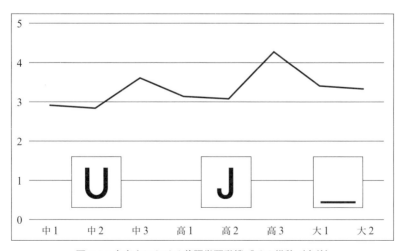

図5-2：中高大における英語学習動機づけの推移（全体）

105

受験があることが考えられる。さらに，Sawyer（2007）では中高大における動機づけの変化を「U字型」（中学生），「J字型」（高校生），「変化なし（低動機）」（大学生）と特徴づけているが，この図でもほぼそれを支持する推移が見られる。2年次，あるいは1年間のなかではとくに2学期に起こる動機づけの低下はかなり一般的な傾向であるため，動機づけの維持・向上といった観点からはこの時期における対策が重要になる。

　ただし，このような書き方をすると，学習者の動機づけは誰しも似たようなプロセスを経て発達・変化すると思われるかもしれないが，決してそうではない。

　例えば，上記に挙げた大学生70名における個々の動機づけの変化を図示すると，図5-3のようになる。太い実線で示したのが上述した全体の平均であるが，実際にはこの平均とまったく同じように変化した学習者は誰一人としていなかった。この点においても，全体の平均だけでは個々の学習者像は捉えられないこと，言い換えれば，一般化された普遍性だけでは説明できない学習者の多様性が存在することを改めて確認することができる。

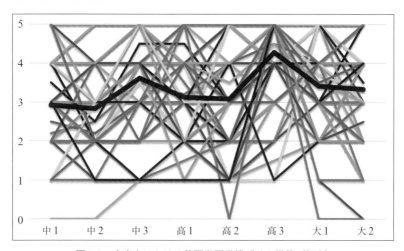

図5-3：中高大における英語学習動機づけの推移（個人）

　ではつぎに，どのような要因がこういった動機づけの変化プロセスに影響を与えていたのかについて，先に挙げた大学生70名を例に考える。すべての学習者を個別に検討するのは煩雑になるため，動機づけの変化パターンの違いによって対象者を以下のようにグループ化した。

(1)「ジグザグ群」…中高受験時には動機づけが上昇したが，受験を終えると低下した（グループ1; $n = 28$）

(2)「低―高群」…はじめは低かった動機づけが徐々に上昇した（グループ2; $n = 22$）

(3)「高―高群」…中学から大学にかけて高い動機づけを維持し続けた（グループ3; $n = 20$）

　各学習者に動機づけが変化した原因・理由について，動機づけが上がった時，下がった時それぞれの観点から具体的に記述してもらった。その結果をグループごとにまとめたのが次ページの**表5-3**である。

　まず，英語学習に対する動機づけが上がった理由，下がった理由としては，以下の6つに分類された。

(1) 入試などを含めた外的目標の設定，あるいはその達成による欠如

(2) 英語や英語圏の文化に対する興味・関心，あるいは英語以外のことに対する興味・関心

(3) 英語ができたといった経験による有能感，あるいは逆の経験による無力感

(4) 周りの他者（教師，友達など）による肯定的な影響，あるいは否定的な影響

(5) 自分の学習スタイルや目標に合致した学習内容，あるいは合致しない学習内容

(6) その他

表5-3：動機づけが変化した原因・理由の分類

			動機づけが上がった理由			
	目標設定	興味・関心	有能感	他者影響	学習内容	その他
グループ1 （ジグザグ群）	28 49.1%	12 21.1%	6 10.5%	4 7.0%	3 5.3%	4 7.0%
グループ2 （低−高群）	17 35.4%	14 29.2%	4 8.3%	6 12.5%	3 6.3%	4 8.3%
グループ3 （高−高群）	11 24.4%	15 33.3%	7 15.6%	7 15.6%	3 6.7%	4 4.4%
			動機づけが下がった理由			
	目標欠如	興味・関心	無力感	他者影響	学習内容	その他
グループ1	23 44.2%	5 9.6%	10 19.2%	5 9.6%	2 3.8%	7 13.5%
グループ2	9 20.9%	6 14.0%	11 25.6%	4 9.3%	7 16.3%	6 14.0%
グループ3	9 23.1%	7 17.9%	8 20.5%	6 15.4%	3 7.7%	6 15.4%

　つぎに，各グループの内訳について見てみる。グループ1（ジグザグ群）では，動機づけが上がった理由として「外的目標設定」（49.1%），動機づけが下がった理由として「外的目標欠如」（44.2%）がそれぞれ大きな割合を占めている。このことから，グループ1の学習者の動機づけは，高校・大学受験に加え，TOEIC® や TOEFL® などの外部試験で一定のスコアを取るといった外的な目標設定およびその達成に大きく影響を受けていたこと，一方でその目標が達成されたり，英語学習に意義や必要性などを見い出せなくなってしまった場合には，動機づけが著しく低下してしまう傾向にあったことがわかる。

　グループ2（低―高群），グループ3（高―高群）では，動機づけが上がった理由として「外的目標設定」（35.4%，24.4%）に加えて「言語・文化に対する興味・関心」（29.2%，33.3%）が大きな割合を占めていた。つまり，動機づけを順調に向上・維持させていた学習者は明確な（外的）目標だけでなく，英語でコミュニケーションを取ることや英語の音楽・映画を楽しむなど，言語・文化に対する興味・関心も併せて持ってい

た。これら2つのタイプの動機づけは，前者が「外発的動機」，後者が「内発的動機」だと解釈することもできるが，上記の結果からは内発的・外発的動機を併存して持つことの重要性が示唆される。

　また，動機づけが下がった理由については，「外的目標欠如」（20.9%，23.1%）に加えて「無力感」（25.6%，20.5%）の占める割合が大きかった。このことから，目標を失うことが動機づけの低下につながるだけではなく，テストの点数が低い，英語をうまく話せないなどの失敗経験を繰り返すことで無力感を感じてしまうこと，そのような経験が結果として動機づけの低下を引き起こしてしまう可能性があることがわかる。

　以上から，動機づけの発達・変化プロセスについて，少なくとも2つの示唆を得ることができる。

　1つ目は，グループ1のように外的目標のみに動機づけが支えられている場合，学習者の動機づけはその目標の達成によって大きく影響を受けてしまう。もちろん，彼らが目標を設定した際，その達成に向けて強く動機づけられていたのは事実であり，このこと自体に問題があるわけではない。しかし，長期的に見れば，彼らの動機づけが不安定（Sawyer (2007) が言う「U字型」や「J字型」）であったこともまた事実である。

　したがって，長期間にわたって安定的に動機づけを向上・維持させるためには，グループ2・3のように異なる動機（例えば，目標設定に加えて，言語・文化に対する興味・関心など）をバランスよく併存させることが効果的だと考えられる。なぜなら，複数の動機に行動が支えられている場合，1つの動機が弱くなった（なくなった）としても，他の動機が行動を引き続き後押ししてくれるからである。

　2つ目は，グループ2・3の動機づけが下がった理由で見られたように，異なる動機を併存させ，動機づけが安定している（ように見える）場合においても，学習の途中に無力感を味わうことで動機づけが低下してしまう恐れがある。一般に，個人が持っている有能感や自己効力感が高いほど，失敗を経験したとしても「自分ならできる」と信じ，努力を続けられる傾向にある。山森（2004）では，中学入学時の高い動機づけ

を1年間持続できたのは全体の6割程度であったものの，自己効力感が高い学習者は動機づけの低下が緩やかであったことを報告している。

したがって，無力感による動機づけ低下を避けるためには，小さな成功体験を積み重ねるなど，有能感や自己効力感に対する肯定的な認知を高めるような機会を継続的に持つことが重要だと考えられる。

(5.4.) 動機づけを高める／維持するにはどうしたらよいのか？

これまで見てきたように，動機づけはつねに一定の状態で安定しているわけではなく，周りの状況と密接に影響しあいながら変化している。さらに，学習が進むにつれて内容の難易度は上がり，学習に対する慣れも生じるため，今までのままの心構えだと動機づけは必然的に低下する傾向にある。したがって，行動を維持し続けるためには，教師が学習者の動機づけを高める，あるいは学習者自身が自らの動機づけを高めるといった働きかけが必要になる。これらの方法や手段は「**動機づけ方略**」（motivational strategies）と呼ばれ，これまで多くの研究が報告されている。

例えば，Dörnyei and Csizér（1998）ではハンガリーの外国語教師を対象としたインタビュー調査から，教室で留意すべき動機づけ方略として「外国語学習者を動機づける10か条」をまとめている（**表5-4**）。

また，Dörnyei（2001）では学習をいくつかの段階に分け，それぞれの段階に適した動機づけ方略を体系的に整理している。具体的には，まず動機づけが生み出されなければならない。したがって，行動前段階（pre-actional stage）では，目標設定や実際の行動開始を支援するような働きかけが必要となる（例：教室内の雰囲気，適切な集団規範）。つぎに，行動段階（actional stage）においては，生み出された動機づけが維持，あるいは保護されなければならない（例：動機づけを高める課題の提示，自信や自律性の促進）。最後に，行動後段階（post-actional stage）においては，学習のプロセスが回顧的に評価される（例：動機づけを高める

表5-4：外国語学習者を動機づける 10 か条 （Dörnyei & Csizér, 1998）

1. 教師自身の行動によって，見本を示すこと
2. 教室に，楽しく，リラックスした雰囲気を作り出すこと
3. タスクを適切に提示すること
4. 学習者と良い人間関係を築くこと
5. 学習者の言語に対する自信を高めること
6. 授業を学習者の関心を引くようなものにすること
7. 学習者の自律を促すこと
8. 学習プロセスの個人化を図ること
9. 学習者の目標志向性を高めること
10. 学習者に目標言語文化に慣れてもらうこと

フィードバック，学習に対する満足感）。

　授業が思うように進まないと感じた教師や，動機づけを維持するのが難しいと感じた学習者は，こういった方略が自らの指導や学習にうまく取り入れられているかどうか確認してみるとよい。

　上述したのは外国語（英語）学習そのものに焦点をあてたものだが，その一方で教育や学習活動一般を対象とした研究も数多く行われている。代表的な例としては「3 つの心理的欲求」（three psychological needs）と呼ばれるものがあり，これらは多くの人が生理的・生得的に有する動機づけ要因として知られている（Deci & Ryan, 1985, 2002）。

(1) **自律性**（autonomy）**の欲求**…宿題をやろうとしていたのに，親に言われると途端にやる気をなくしたという経験は誰にでもあるだろう。人は自らの行動に対して「責任」を持ちたい，自ら「選択」したいという欲求を持っている。「すべては自分次第！」

(2) **有能性**（competence）**の欲求**…やってもできそうにないことは，そもそもやる気にならないだろう。人はやればできるといった「期

待感」「達成感」を味わいたいといった欲求を持っている。「やれば
できる！」

(3) 関係性（relatedness）の欲求…「人間」は「人」の「間」に生き
ると書くように，周りとの協力なしには生きていけない。周りの他
者と「協力的」「協調的」な関係を持ちたいといった欲求は本来，
誰しもが持っている。「みんな友達！」

　ここで，先の表5-4の10か条で取り上げられている要因と見比べて
みると，3つの欲求のいずれかに関連するものが多いことに気づく。例
えば，「学習者の自律を促すこと」，「学習プロセスの個人化を図ること」
は自律性，「学習者の言語に対する自信を高めること」は有能性，「学習
者と良い人間関係を築くこと」は関係性とそれぞれ関連するものと思わ
れる。このことから，これら3つの欲求を取り入れた学習を心掛ける
ことは英語学習における動機づけを高める，あるいは維持するうえで有
効な手段になると考えられる。

5.5. 3つの欲求を取り入れた学習活動の実践例

　では，実際に具体例を挙げながら，動機づけを高める学習について考
えてみよう。読者の皆さんには「教師役」になっていただき，どのよう
な学習活動をデザインすれば，上記3つの欲求を満たすことができる
か一緒に考えていただきたい。ここでは例として，JACET8000（大学
英語教育学会（JACET）が編集した語彙リスト）から抜き出した20個の
英単語（表5-5）を覚えるという活動を取り上げる。ちなみに各単語の
難易度は，(1)〜(5) は JACET8000 のレベル1（高校英語程度），(6)
〜(15) はレベル2（大学入試，センター試験程度），(16)〜(20) はレベ
ル3（大学初級程度）である。それぞれの欲求を満たした活動として，
どのようなものが考えられるだろうか。

表 5-5：JACET8000 をもとに抽出した英単語 20 個

(1) frame	(6) treasure	(11) saw	(16) scarecrow
(2) orchestra	(7) tiger	(12) portrait	(17) aircraft
(3) monster	(8) deck	(13) sculpture	(18) cabinet
(4) soup	(9) stadium	(14) pan	(19) label
(5) scholar	(10) glove	(15) garlic	(20) bishop

■自律性の欲求を満たす活動

例えば，学習者に「解答形式」を選ばせる活動が可能だろう。

(1) 英語を聞き，その意味を日本語で答える（例：*frame*—額縁，*orchestra*—オーケストラ）

(2) 日本語を聞き，英語で答える（例：怪物—*monster*，スープ—*soup*）

(3) 英語の定義を聞き，それが示す単語を答える（例：someone who knows a lot about a particular subject — *scholar*, a group of valuable things such as gold, silver, jewels etc — *treasure*）

(4) 単語を聞き，その定義を英語で答える（例：*tiger* — a large wild animal that has yellow and black lines on its body, *deck* — the outside top level of a ship that you can walk or sit on）

上記のような形式を用意し，学習者にどの形式で学習するか選択してもらう。彼らは自分が必要だと思ったり，得意とする形式を選んで，自ら学習に取り組むことができるため，自律性の欲求を満たすうえでは効果的だと考えられる。

また類似した取り組みとして，瀧沢（2014）では「解答数」を選ばせる活動を紹介している。今回の例で言えば，英単語を覚えるコースを3つ（① 20 問コース，② 10 問コース，③ 5 問コース）用意し，生徒に

好きなコースを選ばせて，一定の練習時間の後，単語テストを行う。①1 問 5 点，②1 問 10 点，③1 問 20 点で，どのコースも 100 点満点とする。②，③については，どの単語がテストに出るか学習者には知らせない。そうすると，学習者は自ら選択しながら（自律性を保ちつつも），結局はすべての単語を学習しなければいけなくなる。つまり，やる気も高めながら，学習効果も高められると考えられる。

■有能性の欲求を満たす活動

例えば，できるだけ良いところを見つけて褒めるだけでなく，学習成果を「可視化」することによって，自らの達成度を客観的に評価させる。具体的には，正答数や解答時間の変化を記録する用紙を準備し，5 分，4 分，3 分でそれぞれ何問正解できたか，あるいは 20 問全問正解するのに何分かかったかを 3 回計測し，その進捗状況をグラフなどで確認するといったことができる。人間だれしも学習成果や努力の結果（例：ダイエットの成果など）が実感できると，「またやってみよう」「もう少し頑張ってみよう」と思えるものである。

■関係性の欲求を満たす活動

例えば，友達とペアやグループを作り，ちょっとした競争を取り入れたゲームに挑戦するのもよい。今回の例で言えば，3 分間で覚えた単語を何語正確に思い出すことができるか，正答 1 点，誤答–1 点などとして合計点を競うといったことができる。あるいは教室での英語授業であれば，20 語をできるだけ多く使って，ストーリー性がある 1 つの物語をペアやグループで協力して作る。その後，クラス全体で成果を共有し，ストーリーの面白さや，ストーリーのなかにどれだけ単語を入れ込むことができたかを総合して競うといったこともできる。

いずれにしても，英単語を 20 語覚えるといった，見方によっては単調で面白みに欠ける活動であっても，3 つの欲求を意識することによっ

て，活動をより "motivating" なものに変えることができる。

　ただし，ここで注意しておくべきことがある。それは本書のテーマの1つでもある，学習者の多様性に関することである。

　私たちが薬局に出かけると，そこには数多くの風邪薬や花粉症用の薬が完備されている。そのような薬に対して，私たちは「すごく効くと友人に勧められたけど，私には効かなかった」，「前回はあまり効かなかったけど，今回はとてもよく効いた」などといった経験やイメージを少なからず持っているのではないか。こういったことが起こるのは，患者（私たち）の体調や年齢，体重，生活習慣，過去の病歴や薬の服用歴などが複合的に作用して，薬の効き方に影響を与えるためである。

　同じことは動機づけ方略についてもあてはまる。先述したように，これまでに数多くの動機づけ方略の存在が明らかにされており，その効果を実証的に調べた研究も報告されている（Lamb, 2017）。したがって，薬が私たちの体調回復に有効なのと同様に，動機づけ方略が言語習得をサポートするうえで有効なのはおそらく間違いない。ただし，言語習得の認知プロセスに見られるような普遍性と比べて，動機づけなどの要因には学習者の個人差がより大きな影響を及ぼす可能性があることには留意する必要がある。

5.6. 動機づけの伝染とは？

　ここでは近年，動機づけ研究のなかで注目を集めているトピックについて紹介する。それは「動機づけの伝染」（motivation contagion）と呼ばれる現象である（Gregersen & Khateeb, 2022; Hiromori et al., 2021）。動機づけはともすれば個人が持つ特性や状態と考えられがちだが，実際には周囲からさまざまな影響を受けている。Friedman et al.（2010）は内発的（あるいは外発的）に動機づけられた人の行動をただ観察するだけで，観察者自身の内発的（あるいは外発的）動機づけは無意識に影響を受けること，さらにそのような現象が生じるには5

分もかからないことを実験から明らかにしている。

　私たちがわざわざスタジアムに出かけていって，サッカー日本代表の応援をしたり，わざわざ映画館まで行って，それなりのお金を払って映画を観たりするというのは，一緒に集まった人たちとその場の熱気や臨場感を共有したいからに違いない。学校での授業も同様だろう。騒がしい教室にいる学習者は，おしゃべりに参加したくなるかもしれないし，落ち着いた教室にいる学習者は，もっと真剣に授業に参加しようと思うかもしれない。教師であれば，雰囲気の良い教室では生徒のノリが良く，何をやってもうまく行くことが多いのに対して，そうでない教室ではどんなに頑張っても授業が盛り上がらないといった経験は少なからずあるはずだ。

　こういった動機づけの伝染のような現象がなぜ，どのように起こるのか，その根本的なメカニズムはいまだ解明されていない。しかし，動機づけの心理学に関する理論から，いくつかの洞察を得ることはできる（Burgess et al., 2018）。例えば，先に動機づけを高める要因として３つの心理的欲求を紹介したが，このうち関係性の欲求と動機づけの伝染には密接な関連があると考えられる。

　私たちは元来，周りの人とうまくやりたい，仲良くしたいという欲求を持っている。その欲求を満たすため，あるいは維持するために，もし周りの人（英語の授業で言えば，ペアワークにおけるパートナー，グループワークにおける他のメンバー）が頑張っていれば，自分も手助けする必要があると感じるだろう。同様に，相手が頑張っていない（＝やる気がない）と判断した場合は，自分一人で頑張ることは好ましくないと感じるかもしれない。つまり，私たちはたとえその行動自体に価値を見い出せないとしても，相手との間にある不一致・不協和を軽減するために，相手が良しとする行動や態度を自らのものとして内在化することがある。このことは，動機づけの伝染が私たちの社会的欲求である関係性を満たそうとする行動の現れ（結果）だと解釈することができる。

　あるいは，やる気の伝染は，心理学者のバンデューラによる社会的学

習理論（Bandura, 1977, 1986）によっても説明が可能だろう。この理論によれば，学習とは自らが直接行動を起こし，その行動に対して何らかの刺激や強化が与えられることによって成立するだけでなく，他者の行動を観察したり，それを模倣する（見て真似る）ことによっても成立すると考える（そのため「**観察学習**」(observational learning) とも呼ばれる）。

　身近な例として，テレビ CM に有名人が登場し，特定の商品（化粧品，健康食品，家電製品など）に良い効果や優れた機能があると伝えている場面を想像してみてほしい。私たちは実際の商品に関する知識は何もないにもかかわらず，何となくその商品が優れたものであると感じたり，場合によってはすぐに購入してしまうということもあるだろう。観察者である私たちは，知らず知らずのうちに「**代理体験**」(Bandura, 1977) を通じて，相手の行動に影響を受けているのである。

　このような動機づけの伝染といった現象から，私たちはどんな示唆を得ることができるのだろうか？　それは英語学習に継続的に取り組むためには，理想とする人物や周りからのプレッシャーをうまく活用すると良いということである。

　一般に，私たちは英語を学ぶには，楽しさや興味・関心といった，いわゆる内発的動機が重要だと考えがちである。これ自体は間違いではないが，英語を学ぶ長い（ときには険しい）プロセスを内なるエネルギーだけで乗り切るのは容易なことではない。そんな時，憧れのスポーツ選手や仲の良い友達のように英語が話せるようになりたい，親や教師の期待に応えたり，恥をかくといった否定的な結果を避けたいなど，周りからうまくエネルギーや（良い意味での）プレッシャーを得ることも有効だろう。

　私たちが周囲からやる気をもらえることもあれば，逆に周囲をやる気にさせることもあるはずだ（廣森, 2022）。そのような動機づけの循環ができてくれば，学習を続けられる可能性はさらに高まるに違いない。

練習問題

●復習編

(1)「外発的動機」の具体例として適切なものを以下から選びましょう。

　　1. 自らの好奇心に基づいて調査や実験を行う

　　2. 会社の評判や給料で就職先を選ぶ

　　3. お気に入りの作家が書いた新作の小説を読む

(2) 動機づけを高める方法や手段である「動機づけ方略」は，一定程度の効果が期待できる一方，必ずしも「万能薬」ではありません。その理由はなぜでしょうか。

●応用編

　自身の中高大での英語学習を振り返った時，学習に対する動機づけはどのように変化してきたと思いますか。また，その変化には何が影響を与えていたと思いますか。次ページに示すワークシートを使って，動機づけの変化プロセスとその原因・時期について考えてみましょう。

付録：動機づけの変化プロセス（ワークシート）

1. 中・高・大における英語学習の動機づけについて
（自分の動機づけの変化を折れ線グラフで描いてみましょう。）

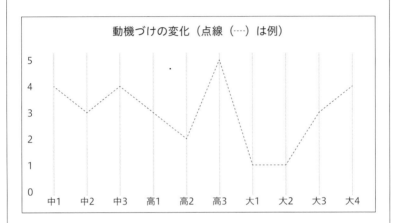

動機づけの変化（点線（‥‥）は例）

2. 動機づけが変化した原因とその時期について
（英語学習や授業で印象に残っている事柄とその時期について記述してみましょう。）

（1）動機づけが上がった時
　　例：大学受験を意識し始めた時（高3）

（2）動機づけが下がった時
　　例：英語の勉強（授業）が暗記科目と化した時（中2）

文献案内

(1) 廣森友人 (2010).「**動機づけ研究の観点から見た効果的な英語指導法**」小嶋英夫・尾関直子・廣森友人(編集).『英語教育学大系6　成長する英語学習者：学習者要因と自律学習』(pp. 47-74) 大修館書店.

　外国語（英語）学習におけるこれまでの動機づけ研究を「動機」「動機づけ」「動機づける」の観点から整理し，そこから得られる示唆によって効果的な英語学習法・指導法について検討しています。学習者にも指導者にも，多様性と継続性を兼ね備えた動機づけが必要なことが指摘されています。

(2) 鹿毛雅治 (2013).『**学習意欲の理論：動機づけの教育心理学**』金子書房.

　心理学の分野における動機づけ研究について，ただ単に理論を網羅的に紹介するだけでなく，それらを実際の教育という視座から統合的に捉え直そうとしたもの。450 ページ以上にわたる大部な著作ですが，動機づけのメカニズムをさらに詳しく知りたいと思う読者にはお勧めしたい一冊です。

(3) Dörnyei, Z., & Ushioda, E. (2021). *Teaching and researching motivation* (3rd ed.). Longman.

　2001 年に出版された本の改訂版（第3版）で，第二言語習得における動機づけの役割を理論と実践の両面から幅広く整理するとともに，動機づけの主要な研究方法についても紹介しています。とくに第3版では，他分野，他領域における動機づけ研究の取り扱い，動機づけ研究に関する主要な書籍やジャーナルのリストなど，リソースが充実しています。

何が動機づけを低下させるのか？

> 動機づけを高める要因があるというのはわかりましたが，逆に動機づ
> けを低下させる要因にはどのようなものがあるのでしょうか。

　本章でも述べたように，動機づけは時間の経過とともに低下するのが普通
です。したがって，動機づけを高めることと同時に，どのようにして動機づ
けの低下（「動機減退」（demotivation）と呼ばれる）を防ぐ，あるいは和ら
げるかはとても重要になります。

　まず，動機減退という現象について簡単に整理しておきます。Dörnyei
and Ushioda（2021）では，これから行動しようとしたり実際に行動した
りしている時に，何らかの外的な要因によって動機づけを一時的に低下させ
てしまうことを動機減退と呼んでいます。あくまで「一時的な状態」である
ことから，より魅力的なものに興味が移ったり，長い期間を経て徐々に動機
づけを失っていくことは動機減退とは考えません。また，動機づけを完全に
失い，行動の意味や価値を理解できていない状態は「無動機」（amotivation）
と呼ばれ，動機減退とは区別されます。

　つぎに，動機減退を引き起こす要因について考えてみましょう。もし，動
機減退が一時的なものであるとすれば，こういった要因を特定し，うまく働
きかけることで，学習者の動機づけを回復させたり，以前よりも高い動機づ
けを有したりするように支援できる可能性があります。そこで，これまでに
国内外で報告されている動機減退に関する研究を整理すると，動機減退に影
響を与えると考えられる要因は大きく３つのカテゴリに分類できることが
わかります。具体的には，

(1) 教師に関する要因…教師の性格，熱意，指導方法，外国語（英語）力，
　　など
(2) 学習者に関する要因…健康状態，学習経験，自信，言語や文化に対す
　　る態度，など

(3) 学習環境に関する要因…教室環境，教材，評価方法，周りの学習者，
　　など

です。なかでも教師に関する要因は，多くの研究で動機減退に強く影響を与
える要因として繰り返し取り上げられています（例：Falout, et al., 2009; 菊
地, 2015; Kim & Kim, 2013; Tsuchiya, 2006）。

　では，教師要因はどのような学習者にとっても，動機減退要因として同じ
ように働くのでしょうか。すなわち，発達段階や言語能力の高低に関わらず，
どのような学習者にも同じように動機減退を引き起こす要因として認識され
るのでしょうか。あるいは，学習者の発達段階（例えば，中学，高校，大学な
ど）や言語能力（例えば，初級，中級，上級など）によって，教師要因は異なっ
た影響を与えるのでしょうか。

　近藤（2015）ではこのような問題意識のもとに，学習者の発達段階（中学，
高校，大学）に焦点をあてた調査を行っています。具体的には，これまでに
明らかにされた教師に関する動機減退要因を，教師の思考様式（①人間性，
性格；②言語能力，知識；③意欲，熱意），行動様式（④コミュニケーショ
ンスタイル；⑤指導スタイル；⑥評価方法），その他（⑦）に細分化し（図5-4
参照），学習者の発達段階によって動機減退に影響を与える教師要因に差が
生じるのかどうかを検証しています（言語能力については，各研究で異なった
評価尺度（例：英語外部試験のスコア，自作の英語テストのスコア，自己評価によ
るスコア）が用いられており，客観的な分類・比較が困難だと判断したため，分析
の対象とはされませんでした）。

　研究の結果から明らかになったことは，教師の行動様式，とりわけコミュ
ニケーションスタイル（④）や指導スタイル（⑤）は，どの年代（中学・高
校・大学）でも動機づけを下げる要因として認識されていた一方，人間性／
性格（①），言語能力／知識（②），意欲／熱意（③）は，高校生と一部の大
学生で動機づけ低下の要因として認識される傾向にあったことでした。

　また，Matsumoto（2009, 2011）では学習者の言語能力の高低によって，
動機づけの向上や低下に影響を与える教師要因に差が生じるのかどうかを検
証しています。大学生を対象とした質問紙によるアンケート調査の結果，教
師の授業に対する献身的な態度や熱意と学習者の動機づけとの間にはプラス
の関連が確認された一方，学習者の言語能力の高低によって，その関連には

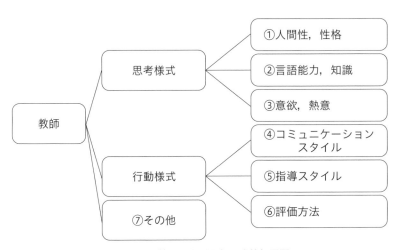

図 5-4：動機減退を引き起こす教師要因
(近藤（2015）をもとに作成)

違いが見られました。具体的には，習熟度の低い学習者は教師のパフォーマ
ンスなど行動的側面に注目する傾向が強く，言葉による励ましやフィード
バックにはあまり反応しないのに対して，習熟度の高い学習者は教師の人間
性や実際の指導技術により注目していることがわかりました。

　もちろん，これらの研究結果をすぐに一般化することには慎重になるべき
ですが，上記からは，授業中の教師の振る舞い（例：声の大きさ，指示の明確
さ，身振りや手ぶり），つまり教師の「行動」面はどの年代の学習者にとって
も重要な役割を果たすこと，加えて，学習者の年齢が上がるにつれ，彼らは
教師が持つ人間的な魅力や英語教師としての能力・資質といった「思考」面
も同様に重要視するようになることが示唆されます。言い換えれば，教師は
学習者の動機づけに大きな影響を与えること，その具体的な影響は学習者の
発達段階や言語能力の高低によって，教師の「演者」としてのパフォーマン
スが大切になる時期，教師の人間性や指導技術により注目が集まる時期，と
いうように重要になるポイントが変化する可能性があることがわかります。
これらのことから，私たち教師には学習者の実態に応じたより柔軟な指導が
求められると言えそうです。

継続的な動機づけを支える「グリット」とは？

　本章（5.2）でも述べたように，動機づけは行動の方向性（「何を」に相当）と強度（「どのくらい」に相当）から構成されます。しかし，とりわけ英語学習のように長い時間を要する活動では，その方向性と強度をどれだけの期間，保つことができるか，言い換えれば，継続的な動機づけも重要になります。

　近年，そのような継続的な動機づけを支える要因として，心理学や脳科学，ビジネスなど幅広い分野で注目されているのが，「**グリット**」（grit）です。グリットとは Guts（度胸），Resilience（回復力），Initiative（自発性），Tenacity（執念）の頭文字を取ったもので，この概念を最初に提唱したダックワースはグリットを「長期目標に向けた粘り強さと情熱」（Duckworth et al., 2007）と定義しています。

　これまでグリットに関する研究は数多く行われています。例えば，アメリカでは中高大のさまざまな教育環境において，生徒の学習成果とグリットの間には密接な関連があることが確認されていますし，ヨーロッパで行われた調査でも同様の結果が得られています。また近年は，言語学習に特化した「言語固有のグリット」（language-specific grit）についても，調査が進められています（Teimouri et al., 2020）。

　グリットを測定する方法の代表例としては，ダックワースらが開発したグリット・スケール（表 5-6; 日本語訳は竹橋ら（2019）による）が挙げられます。このスケールは全 12 項目からなり，奇数の 6 質問は「興味の一貫性」，偶数の 6 質問は「努力の粘り強さ」に関するものです。読者の皆さんも回答してみてください。

　なお，計 12 の項目のうち，奇数の項目は逆転項目となっており，数値が低いほど，興味の一貫性が高いことを示しますが，偶数の項目は数値が高いほど，努力の粘り強さが高いことを意味しています。日本語版を作成した竹橋ら（2019）が大学生を対象に行った調査では，グリット尺度全体の平均は 3.14（標準偏差 0.51），興味の一貫性は平均 3.13（標

表 5-6：グリット・スケール
(Duckworth et al., 2007; 日本語訳は竹橋ら（2019）に基づく)

	まったく当てはまらない	あまり当てはまらない	いくらか当てはまる	かなり当てはまる	非常に当てはまる
1. 新しいアイデアや計画によって，それまでに取り組んでいたことから注意がそれることがある。	5	4	3	2	1
2. 重要な試練に打ち勝つため，困難を乗り越えてきた。	1	2	3	4	5
3. あるアイデアや計画に一時的に夢中になっても，あとで興味を失うことがある。	5	4	3	2	1
4. 私は精魂傾けて，物事に取り組む。	1	2	3	4	5
5. 数か月以上かかるような計画に集中して取り組み続けることは難しい。	5	4	3	2	1
6. 数年にわたる努力を要する目標を達成したことがある。	1	2	3	4	5
7. 私の興味は年々変わる。	5	4	3	2	1
8. 私は頑張り屋だ。	1	2	3	4	5
9. 目標を決めても，あとから変えてしまうことがよくある。	5	4	3	2	1
10. 始めたことは，どんなことでも最後までやり遂げる。	1	2	3	4	5
11. 数か月ごとに新しい活動への興味がわいてくる。	5	4	3	2	1
12. 困難があっても，私はやる気を失わない。	1	2	3	4	5

準偏差 0.74），努力の粘り強さは平均 3.16（標準偏差 0.63）でした。読者の皆さんはいかがだったでしょうか。

　では，グリットを高めるにはどのような方法があるのでしょうか？これまでの研究が繰り返し指摘しているのは，明確な目標設定とその達成に向けた具体的な見通しを持つことです。私たち（とりわけ教師）はどのような目標を設定するかには注意が向きますが，それと同じくらい重要なのは，その目標をどのように達成するのか，その道筋を明らかにするということです。道筋が明らかになれば，小・中目標も立てやすくなり，進捗の確認もしやすくなります。例えば，現在の私の場合であれば，〇月末までに本書の原稿を校了にしなければならない，そのためには△月までには第〇章の執筆を終え，□月には全体を通しで確認するとともに，参考文献や索引などを整理するようにしたい，といった具合です。

　目標をうまく構造化（サブ・ゴールなどを設定）できれば，向かう方

向がイメージしやすくなり，粘り強い努力が可能になります。また，小さな課題を少しずつクリアし，成功体験を積み重ねることで，「できた！　次も頑張ろう」といった気持ちを高めることができます。人は自分ができそうもないことはやりたくないので，まずは何とかやれそうだという期待を持つ（持たせる）ことが大切です。はじめは絶対できないと思っていたようなことでも，長く続けられさえすれば，意外とできるようになることは多いものです。

　また，本章（5.6）で紹介した「動機づけの伝染」とも関連しますが，高いグリットを持った人の近くに身を置くということも有効です。彼らがどのように考え，行動するかを学ぶ（真似る）ことでも，自身のグリットを伸ばすきっかけが得られるはずです。

6 自律的な言語習得のために：学習方略

本章では第二言語習得において，学習方法（学習方略）がどのような役割を果たしているのかについて考えていく。はじめに，代表的な学習方略を紹介したうえで，方略は直接的，間接的に学習を効率化する重要な役割を担っていることを指摘する。さらに，学習者は学習方略をどのように使用する傾向があるのか，実際のデータを示しながら確認する。最後に，学習方略と密接な関わりを持つ「メタ認知」や「自律学習」という概念を取り上げる。

効果的な英語学習を実現するためには，学習者が自らの学習プロセスに積極的に関与し，自律的に学習を推し進める必要がある。そのプロセスは必ずしも1つとは限らず，ここに学習者の多様性が影響を与える。

6.1. 「学習」とは何か？

　私は職業柄，「どうやったら英語ができるようになりますか？」とか，「いくら英語を勉強しても，わかるようになりません。どうしたらよいですか？」といった質問を受けることがある。こんな時，読者の皆さんがもし学校の先生（塾の講師，あるいは家庭教師）だったら，どのように答えるだろうか。典型的な回答例としては，「○○さん，1日何時間，勉強してる？」「う～ん，その勉強量じゃ足りないね」などのように，勉強時間や練習量に着目したアドバイスを思いつくかもしれない。

　もちろん，学習成果を上げるためには，ある一定の学習「量」は必ず必要になる。ただし，上記のような疑問を寄せる学習者をよくよく観察してみると，なかには英語の勉強に比較的多くの時間を割いている学習者もいることがわかる。

　では，そういった学習者にはどのような助言，アドバイスが必要なのだろうか。私はまず次のような質問をするようにしている。「自分は"どこ"が苦手だと思いますか？」「その苦手な部分を克服するには，"どんなこと"が重要だと思いますか？」「それを身につけるためには，"どんな"勉強が必要だと思いますか？」。先述したアドバイスが学習の「量」に着目したものだとすると，こちらのアドバイス（質問）は学習の「質」に着目したものである。

　私たちは自らの学習方法にはあまり意識や注意を払わない傾向にある。その理由は，これまでの学習経験によって，無意識的に何らかの学習方法を身につけて（しまって）いるからである。では，果たしてその学習法は自分にとってベストなものだろうか。これまでの学習法に問題はないのだろうか。あるいはもっと良い（自分の能力・才能を最大限に引き出すような）学習法はないのだろうか。

　こういった一連の疑問に関連するのが，本章のテーマである「学習方略」(learning strategy) である。以下では，学習方略の詳細について検討する前に，そもそも「学習」とは何かを確認するところから始めたい。

　まず，市川 (2013) が紹介している簡単な実験を取り上げる。この実験では，教師がでたらめな順序で数字を3個（例えば，「6・2・1」），4個，5個と読み上げていく。聞き終えたところで，生徒たちはそれをノートに書き出していく。5個ぐらいなら書き取るのは容易かもしれないが，6個，7個，8個となっていくとどうだろう。次第に正確に書き出すことが難しくなっていく。以前，私の授業を受講する大学生（計138名）を対象に上記のような実験を行ってみたことがある。その結果をまとめたのが，図 6-1 である。

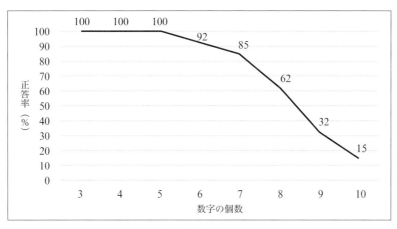

図 6-1：数字の個数と正答率の関係

　上の図から明らかなように，3 個，4 個，5 個までは全員が正しく書き出せた一方，数字が 8 個になると約半数（62%）の人しか正しく書き出せていない（市川（2013）でもほぼ同様の結果が報告されている）。つまり，一度聞いただけで覚えられる数字の個数というのは，せいぜい 7〜8 個程度だと考えられる。

　認知心理学の分野ではミラーが有名な実験を行っている。彼が 1956年 に 発 表 し た "The magical number seven, plus or minus two: Some limits on our capacity for processing information" という論文では，人間が瞬間的に記憶できる情報の最大数は 7 個前後，すなわち 7 個を中心としてプラスマイナス 2 個の範囲内になることが指摘されている。たしかに私自身の経験に照らし合わせてみても，昔の固定電話（市外局番を除けば 6〜7 桁）なら簡単に覚えられたが，携帯電話の番号（通常は 11 桁）になってから急に覚えられなくなった印象がある。したがって，「7 ± 2」という値（数値）は一般的な人間が一度に記憶できる情報の最大数だと考えられる。

　このように，私たちが一目見たり，一度聞いたりして覚えられること（短期記憶）は意外と小さい。にもかかわらず一方で，私たちはたくさ

んのことを長期にわたって覚えていること（長期記憶）ができる。認知心理学の研究では伝統的に，この短期記憶と長期記憶の関係を図 **6-2** に示すようなモデルによって捉えてきた。ここでは，外部から入ってきた情報（インプット）は一時的に短期記憶に保持される。保持しただけではすぐに忘却されてしまうが，その情報を何度も頭のなかで繰り返すことにより長期記憶へと転送され，のちに出力（アウトプット）できるようになると考えられている。

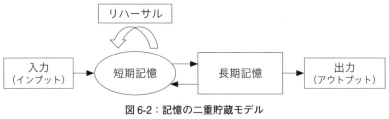

図 6-2：記憶の二重貯蔵モデル

（Atkinson & Shiffrin（1971）を簡略化したもの）

　勘の良い読者はお気づきかもしれないが，本書がその理論的基盤としている第二言語習得の認知プロセス（本書 28 ページを参照）は，この記憶モデルがもとになっている。

　目や耳から入ってきた情報（例：単語，文法，音など）に「気づく」（noticing）ことによってはじめて，その情報は短期記憶に保持される。保持された情報は 2 つのレベルで「理解」（comprehension）される。すなわち，情報の意味だけを理解している浅いレベルの理解，そして情報の構造（形式や使用）まで理解している深いレベルの理解である。つぎに，気づき，理解したインプットは学習者の内部（中間言語）へ取り込まれる。これが「内在化」（intake）であり，ここでは過去の記憶や経験に照らし合わせて，新しく入ってきた情報が処理される。最後に，その情報を長期記憶に保持し，処理の自動化を図るのが「統合」（integration）である。こうして新たに取り入れた知識・情報は，自動的・瞬間的にアウトプットできるようになっていく（詳細については，

第2章を参照）。

　以上のような記憶モデルや認知プロセスの観点に基づくと，「学習」とはある意味では，長期記憶の量を増やすことだと言い換えられる。もちろん，知識や記憶の量を増やすだけでは不十分で，とくに英語学習の場合には知識を活用できるということも重要となる。しかし，活用できるためにはそもそも活用するための情報が必要であり，いずれにしてもある程度の長期記憶の量が不可欠なことには変わりない。

6.2. 長期記憶の量を増やすには？

　では，私たちはどのようにして長期記憶の容量を増やしているのだろうか。例えば，英語の授業で，先生に「今から5分間で，10個の英単語を覚えてください」と言われたらどうするだろうか。おそらく私自身を含めた多くの学習者は，頭のなかで何度も繰り返したり，何回も書き出してみたりといった方法（リハーサル）を使うのではないだろうか。このようなリハーサルを繰り返すことによって，短期記憶に情報を留めておくだけでなく，長期記憶に情報を送り込むことができるようになる。

　ここで読者の皆さんには2つのタイプのリハーサルについて，実際に体験していただきたい。まず，1つ目のリハーサルから始めよう。**表6-1** にある10個の単語を3分で覚え（辞書を使用しても可），3分まったく関係のないことを考え（あるいは誰かと関係のない話をして），1分で何語書き出せるか試してみてほしい。

表6-1：リハーサルの具体例（1）		表6-2：リハーサルの具体例（2）	
・error	・register	・ethnic	・tune
・companion	・grain	・shade	・stamp
・palace	・orchestra	・castle	・substance
・rhythm	・clue	・virus	・capacity
・tragedy	・myth	・refugee	・ambition

つぎに2つ目のリハーサルでは，**表6-2**にある10個の単語を3分で覚えるのだが（単語の難易度はJACET8000に基づき，表6-1と同じにしてある），今回は各単語の定義を考えたり，その単語の特徴を思い浮かべたり，その単語を見かける場所を想像したりしながら単語を覚えてほしい。その後，同様に3分間まったく関係のないことを考え（あるいは誰かと関係のない話をして），1分で何語書き出せるか試してほしい。

さて，1つ目と2つ目のリハーサルでは，どちらの方がより効果があっただろうか。じつは，1つ目は「浅い処理」(shallow processing)を伴うリハーサル，2つ目は「深い処理」(deep processing)を伴うリハーサルと呼ばれ，総じて後者のほうがより深い理解，深い記憶につながること，さらには学習対象が複雑になればなるほど，その効果がより顕著に表れることがわかっている。このような処理の違いは，先述した第二言語習得における認知プロセスの「理解」の段階とも関連付けられる。つまり，浅い処理は浅いレベルの理解，深い処理は深いレベルの理解とそれぞれ対応するものであり，言語習得上も深いレベルの理解を伴ったほうがのちに「内在化」「統合」される可能性が高くなると考えられる。

もう1つだけ，学習法に関する具体例を挙げる。今回は，1人でも構わないが，できれば，誰かとペアを組んでいただきたい。ペアを組んだ相手に，以下の短い英文を読み聞かせる。読み終えた後，1分間まったく関係のない話をし，最後に覚えている内容について1分でできるだけ多く書き出してもらってほしい。

The procedure is quite simple. First, you arrange things into different groups. Of course, one pile may be sufficient depending on how much there is to do ... After the procedure is completed one arranges the materials into different groups again. They then can be put into their appropriate places. Eventually, they will be used once more and the whole cycle will then have to be repeated. However, that is part of life. (Bransford & Johnson, 1972)

　つぎはペアを組む相手を変えて，同じことを繰り返す。だが今回は読み聞かせる前に，相手につぎのことを伝えてほしい。「これは"洗濯"に関する英文です」。それ以外はまったく同じ要領で，覚えている内容についてできるだけ多く書き出してもらう（1人でする場合はタイトルつきの類似した英文を用意し，1度目はタイトルを見ずに英文を音読し，覚えている内容を書き出す。2度目は少し記憶が薄れるまで待った後，今度はタイトルを確認してから，同様の活動を行うとよい）。

　このような手順で行った際，それぞれの結果はどうなるだろうか。おそらく後者のほうがより多くの内容（単語・表現など）を書き出せたはずである。その理由は，後者では「**事前知識（既有知識）の活性化**」（activate prior knowledge）と呼ばれる方法を使っているからである。すでに持っている事前知識（既有知識）のうち，"洗濯"に関する知識を長期記憶から呼び寄せ（例：色移りしやすいものやひどく汚れたものは分けておく，洗濯物は溜めすぎずに定期的に行う），その情報を活用することで，新たに入ってきた情報をより効率的に処理することができる。例えば，新聞を読む時なども真っ先に記事を読み始めるのではなく，見出しや写真をさっと確認するだけで，記事内容の理解は大きく異なるはずである。関連する内容についての既有知識を活性化させることで，より精緻な推測・予測や読むスピードの向上が期待できる。

　以上で見てきたように，私たちは意識の程度にかかわらず，さまざまな学習方法（学習方略）を使っている。こういった学習法の活用が，勉強の「量」や「質」にも大きく影響を与えている。

　ここまでは広く学習一般について考えてきた。では，英語学習の場合はどうだろうか。次節ではそのことに焦点をあてて検討していく。

6.3. 英語学習にはどんな方法があるのか？

　私たちは普段，英語を勉強する時，どのような学習方略を用いているだろうか。例えば，英語を読んだり書いたりする機会を確保するために，

何か特別なことをしているだろうか？ 英語を話したり聞いたりする
時，感情や気持ちをコントロールするためにどのようなことをしている
だろうか？ あるいは，言いたいことがあるのに英語が出てこない時，
どのように対処しているだろうか？

　学習方略研究の第一人者であるオックスフォードは，学習方略を「学
習をより易しく，より早く，より楽しく，より自主的に，より効果的に，
そして新しい状況に素早く対処するために学習者がとる具体的な行動」
（Oxford, 1990）と定義し，その内容を図 **6-3** のようにまとめている。

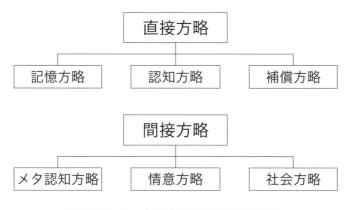

図 6-3：Oxford（1990）による学習方略の分類

　それぞれの方略を簡単に説明すると，言語習得に直接的な影響を与え
ると考えられる「**直接方略**」（direct strategy）には，

(1) 記憶方略（memory strategy）…語呂合わせ，カテゴリー，語源
(2) 認知方略（cognitive strategy）…類推，母語に翻訳，ノート取り
(3) 補償方略（compensation strategy）…母語使用，ジェスチャー，
　　　　　　　　　　　　　　　　　　　　特定の話題を回避

などが含まれる。

　一方，言語習得を間接的にサポートすると考えられる「**間接方略**」（indirect strategy）には，

(4) メタ認知方略（metacognitive strategy）…学習計画，目標設定，自己評価
(5) 情意方略（affective strategy）…不安軽減，自分を褒める，音楽使用
(6) 社会方略（social strategy）…質問する，友達を作る，誤りを訂正してもらう

などが含まれる。学習者はこれらの方略を個別あるいはうまく組み合わせながら，自らの学習の効率化を図ることができる。

　ここで，中学生 81 名を対象に，彼らの英語学習における方略使用，動機づけ，学習成果の関連を調査した研究（Yamamori et al., 2003）を紹介する。この研究では，中学生が家庭での学習においてどのような学習方略を用いているのか，その使用実態と学びに対する意欲，学びの成果（期末試験の得点）がどのような関連を持っているのかを検討している。

　事前に予備調査を行ったところ，英語の家庭学習で行っていること（学習方略）として，おもに 5 つの方略（「教科書の本文を繰り返し読む」「繰り返し書いて覚える」「教科書の訳を作る」「授業を思い出しながら復習する」「辞書を引いて単語の意味を調べる」）が明らかになった。先述した方略の分類に照らし合わせると，「記憶方略」「認知方略」といった「直接方略」がその大半を占めることがわかる。

　これら 5 つの項目に「学習の仕方に対する自覚」に関する項目（「どのような方法で勉強しているかわからない」）を加えて，学習方略の使用実態を調査した（各項目は「1 まったく，あるいはほぼまったく当てはまらない」から「6 とてもよく当てはまる」までの 6 段階評価）。動機づけについては，「私は英語の授業に熱心に参加している」「私は英語が得意になり

たい」など計4つの項目を用いた。こちらは先と同様の6段階評価とし，4項目の合計（最小4〜最大24）を「学習動機」の指標とした。学習成果については，期末試験の得点（最小0〜最大100）を指標として用いた。

生徒のグループ	学習動機（最小値4〜最大値24）	英語の家庭学習で行っていること（学習方略）	学習方略使用の平均値（最小値1〜最大値6）	期末試験の得点（最小値0〜最大値100）
1 中動機・学習方略多様型	17.1	教科書の本文を繰り返し読む	3.4	76.5
		繰り返し書いて覚える	2.9	
		教科書の訳を作る	4.5	
		授業を思い出しながら復習する	3.8	
		辞書を引いて単語の意味を調べる	3.8	
		どのような方法で勉強しているかわからない	2.5	
2 中動機・学習方略不明型	17.3	教科書の本文を繰り返し読む	3.0	57.5
		繰り返し書いて覚える	2.3	
		教科書の訳を作る	2.2	
		授業を思い出しながら復習する	4.6	
		辞書を引いて単語の意味を調べる	3.7	
		どのような方法で勉強しているかわからない	4.6	
3 低動機型	14.3	教科書の本文を繰り返し読む	2.5	56.0
		繰り返し書いて覚える	2.0	
		教科書の訳を作る	2.2	
		授業を思い出しながら復習する	3.0	
		辞書を引いて単語の意味を調べる	2.7	
		どのような方法で勉強しているかわからない	1.4	
4 高動機・学習方略選択型	19.5	教科書の本文を繰り返し読む	3.2	83.1
		繰り返し書いて覚える	1.3	
		教科書の訳を作る	4.9	
		授業を思い出しながら復習する	4.9	
		辞書を引いて単語の意味を調べる	5.2	
		どのような方法で勉強しているかわからない	1.6	

図 6-4：学習動機，学習方略，学習成果の関連

（Yamamori et al.（2003），山森（2010）をもとに作成）

図 6-4 は，研究結果の概略をまとめたものである。この図から明らかなように，動機づけ，学習方略，学習成果の関連（組み合わせ）は多様であることがよくわかる。具体的には，対象となった学習者（中学生81名）のなかには，

(1) 動機づけは高く，学習方略も全体的にバランスよく使用することで，高い学習成果を上げていた学習者（グループ1; $n = 28$）

(2) 動機づけは高く，学習方略はそれなりに用いていたものの，「どのような方法で勉強しているのかわからない」（平均値は4.6）ために，結果として学習成果が伸び悩んだ学習者（グループ2; $n = 13$）

(3) 動機づけ，学習方略の使用がともに低く，学習成果も低かった学習者（グループ3; $n = 26$）

(4) 動機づけはかなり高く，一部の学習方略のみ（例：「辞書使用」（平均値は5.2），「教科書の訳」（4.9），「復習」（4.9））を多用することで，高い学習成果を上げていた学習者（グループ4; $n = 14$）

といったように多様な学習者の存在が確認された。

とりわけ，グループ1とグループ2では，動機づけ（平均値はそれぞれ17.1, 17.3）と学習方略はほぼ類似した傾向を示していたが，グループ1に比べ，グループ2は自分自身の学習方法に対する自覚が極めて低い（それぞれ2.5, 4.6）。その結果，両グループの成績には大きな差が見られる（それぞれ76.5, 57.5）。したがって，動機づけがある程度高くても，「自分はどのような学習方法を用いているのか」「この学習方法で効果は出ているのか」「もっと良い学習方法はないのか」など学習方略に対する意識を持たなければ，必ずしも思ったような成果は得られない場合があることがわかる。

さらに，グループ4に注目すると，彼らはすべての学習方略をバランスよく使用していたわけではなく，特定の方略を選択的に使い分け，結果としてグループのなかでもっとも高い学習成果（平均値は83.1）を上げていた。学習方略に関する研究では「方略を使えば使うほど，高い成果が得られる」と報告されることがあるが（例：Griffiths, 2003; Ku, 1995; Wharton, 2000），上記の結果からは学習方略の使用と学習成果との関係は単純な直線的関係にはないこと，つまり，学習者の個人差（多様性）によって効果的な学習方法は異なることが示唆される。

6.4. メタ認知とは何か？

　さて，学習方略の話になると，よく出てくる話題の1つが「"良い"，あるいは"悪い"学習方略というものはあるのか？」といった疑問である。この点については，先の第5章で扱った動機づけと同じく，学習方略それ自体に「良い方略」「悪い方略」があるわけではない。大切なことは，自分自身の適性や習熟度，目前の課題などに応じて，適切な方略を柔軟に使い分けていくということである。つまり，ある課題を遂行するうえで有効だった方略が別の課題にも有効だとは限らないし，ある学習者にとって有効だった方略が別の学習者にも有効だとも限らない。さらに先述した研究例からも明らかなように，方略をとにかく数多く使えばよいかと言えば必ずしもそうではなく，状況に応じて，方略のレパートリーのなかから自分にベストな方略を選択していく必要がある。

　このような方略の選択や方略の効果検証を自分自身で行ううえで，とりわけ重要な役割を果たしているのが「メタ認知」（metacognition）である。「メタ」とは「高次の，超—」といった意味であり，「メタ認知」とは「認知を認知すること」，つまり，自らの知的な活動を一段上から客観的に捉え，行動を調整すること（植阪，2010）である。英語学習に限らず，幅広い分野においてメタ認知の重要性は繰り返し指摘されている。

　以前，NHK-BS1で「日本人メジャーリーガーの群像」といった番組が放映されていた。番組に登場した元プロ野球選手のイチロー氏は，インタビューのなかで「自分が何をどう感じて，どのように打てているかを説明できた時，超一流打者の仲間入りができた」と語っていた。さらに，彼の言葉のなかには「説明できるヒット」「わざとつまらせてヒット」のような表現が出てくる。まさにイチロー氏はメタ認知を駆使していたと考えられる。

　別の例を挙げれば，「空気が読める人」というのも同様であろう。彼

あなたの英語学習に対する取り組み方について，以下の基準で答えてください。なお，当てはまる数字は○で囲んでください。

$$\longleftrightarrow$$

1	2	3	4	5
まったく 当てはまらない	あまり 当てはまらない	どちらでもない	ときどき 当てはまる	非常によく 当てはまる

■プランニング	
1. 学習開始時には，まず目標を設定する	(1・2・3・4・5)
2. 目標を達成するための手順や計画について考える	(1・2・3・4・5)
3. 目標の達成を助けるように，まわりの状況を整える	(1・2・3・4・5)
■モニタリング	(1・2・3・4・5)
4. 自分の理解が正しいかどうか，振り返りながら学習する	(1・2・3・4・5)
5. 目標達成のために，自分の注意を必要な情報だけに向ける	(1・2・3・4・5)
6. くじけそうな時には，自分を励ます	(1・2・3・4・5)
■問題解決	(1・2・3・4・5)
7. 未知語の意味は，文脈などの手がかりに基づいて推測する	(1・2・3・4・5)
8. ある表現が思い浮かばない時は，別の言い方で代用する	(1・2・3・4・5)
9. 辞書やインターネットなどを利用して，必要な情報を入手する	(1・2・3・4・5)
■評価	(1・2・3・4・5)
10. 事前に立てた予測や推測は適切であったか確認する	(1・2・3・4・5)
11. 用いた学習方法は適切だったか評価する	(1・2・3・4・5)
12. 目標の達成度を自分なりに評価する	(1・2・3・4・5)

図6-5：メタ認知チェックリスト（廣森, 2006, p. 8）

（女）らは会話に参加しながら，どこか少し上の方からその会話の状況を俯瞰的に観察しながら，場の雰囲気が悪くならないようにうまく調整しているに違いない。このように，メタ認知は幅広い場面において活用されている。

　では，私たちは普段，英語を勉強する時にどの程度，メタ認知（あるいはメタ認知方略）を使っているだろうか。図**6-5**は，メタ認知方略の使用状況を簡単に把握するためのチェックリストである（読者の皆さん

も答えてみていただきたい）。すでに述べたように，学習の仕方自体に「良い」「悪い」というものがあるわけではないが，「なかなか思ったような成果が出ない」「もう少し違った勉強の仕方はないだろうか」などと悩んでいる学習者（あるいはそういった学習者を指導している教師）には，学習方法を振り返るうえでの参考になるはずである。

　図 6-5 にあるように，メタ認知は「プランニング（planning）」「モニタリング（monitoring）」「問題解決（problem-solving）」「評価（evaluation）」といった 4 つの側面から捉えられることが多いが，それらは必ずしも別々に存在するわけではなく，1 つの循環するプロセス（メタ認知プロセス）として機能する。

　例えば，学習前には「目標は何だろうか？」「どうやって取り組んだらよいのだろうか？」といったように計画を立てたり目標設定を行い（プランニング），学習中には「このやり方でよいのだろうか？」「ちゃんとできているだろうか？」といったように適宜，学習の進捗状況を確認し，問題が生じた場合には可能な限りその対処を工夫する（モニタリング・問題解決）。さらに学習後には「やりっぱなし」にするのではなく，「うまくできただろうか？」「残った課題は何だろうか？」というようにできたこと（成果）とできなかったこと（課題）を明確にし，次回以降の学習へと活かす（評価）。

　先述した記憶，認知，補償方略などは学習を直接的に促進するものだが，そのような方略の柔軟な使用を支援する，言わば「縁の下の力持ち」的な役割を担っているのがメタ認知方略である。より効果的な学習を実現するためには，学習者は自らの学習プロセスに積極的に関与することが必要不可欠だが，メタ認知はまさにそのようなプロセスの中心的な存在として機能するものと言える。

6.5. メタ認知をトレーニングする方法とは？

　ここでは上記で述べてきたことを踏まえ，メタ認知をトレーニングする方法を紹介する。具体的には，英語によるペアでのスピーキング活動（1人でも実施可）を通じて，先述したメタ認知プロセスを体験する活動例を取り上げる。

　トレーニングの大枠は，以下の4つの活動から成り立つ（ペアが見つからない場合は，④を省略）。

　①1分間のプランニング
　②1分間のスピーキング（＋モニタリング）
　③3分間の評価
　　（ペアと役割を交代して，①から③を繰り返し）
　④ペア同士での話し合い

　まず，①では片方が特定のテーマを提示し，もう片方はそれについて話す内容を準備する（例："Praise your partner to his/her face."（パートナーの人を本人の前で褒めてください），"Propose marriage to your partner."（パートナーにプロポーズしてください））。1人で実施する場合は，自分で何か適当なテーマ（その場で思いついたもので構わない）を設定するとよい。ここでは，つぎのモニタリング・問題解決を促すように，あまり長い準備時間は設けず，できるだけプレッシャーのかかる状況を作り出すようにする。

　②では設定したテーマについて，1分間ペアの相手に向かって話し続ける（あるいは，独り言を言うように話し続ける）。この際，話している最中に自分がどのようなこと（例：内容，文法，語彙など）を考えているか，できるだけモニタリングするように意識する。

　③では話していた時，実際にどのようなことを考えていたか，話し終

わってみて考えたこと，感じたことを振り返って書き出してみる。パートナーがいれば，①から③を役割交代して繰り返し，④で最後に振り返りの内容を共有する（1人の場合は③で終わってもよい）。

　上記のような活動によって，メタ認知のプロセス（プランニング⇒モニタリング⇒問題解決⇒評価）を体験的にトレーニングすることができるが，じつはこのような活動は第二言語習得の認知プロセスを活性化する役割も期待できる。例えば「プランニング」では，話す内容を組み立て，その内容を心のなかで言ってみる（リハーサルする）ことになる。この段階では，すでに理解している言語知識（中間言語）に基づいて，ある種の仮説を生成する。つまり，「プランニング」は認知プロセスにおける「理解」段階に強く働きかけると考えられる。

　次に「モニタリング」「問題解決」では，実際にスピーキングをしながら，「この表現／この言い方でいいのかな？」「意外と知っている単語（構文），使えそうだな」などと考えながら活動に取り組むことになる。このような活動は別の言い方をすれば，先に生成した仮説をすでに「内

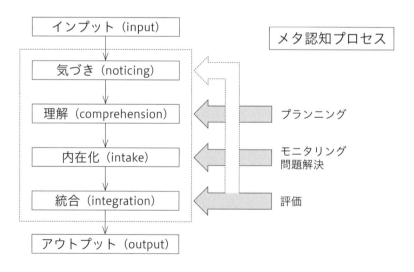

図6-6：第二言語習得の認知プロセスとメタ認知プロセスとの関係

在化」されている情報に照らし合わせて，検証していると考えられる。

最後に「評価」では，「知っている単語がうまく使えた」「場面をつなぐ表現が思いつかなかった」など，自らのスピーキングを振り返ることになる。このような振り返りを行うことによって，中間言語の知識を再構築する「統合」のプロセスが促進されるだけでなく，うまく言えなかったこと／できなかったこと（＝自らの中間言語の「穴」）に注意が向けられることになり，新たなインプットに対する「気づき」が生じることになる。

図**6-6**はこれまでに述べてきたことをまとめたものだが，ここからもメタ認知プロセスが第二言語習得の認知プロセスと密接な関係を持っていることがわかる。

6.6. 自律的に学習に取り組むためには？

自らの学習プロセスに積極的に関与し，自分で学習のサイクルを回せるようになる（＝自分の学習をメタ認知できるようになる）と，周り（教師や仲間）の手助けがなくても学習を継続できるようになる。それはちょうど幼児や児童が最初は補助輪を必要としていたのが，徐々に補助輪なしでも自転車に乗れるようになるプロセスと似ている。先の章でも述べたように，外国語（英語）を習得するにはそれ相応の時間（例えば，2,200時間; 高梨, 2009）が必要になるが，その時間は学校の授業（例えば，中高大で1,120時間; 松村, 2009）だけでは到底確保しきれない。したがって，そのような時間を授業外にも確保していくためには，学習者が自らのメタ認知を駆使しながら自律的に学習に取り組んでいく必要がある。

例えば，私自身の経験に関して言うと，私はかなり前から仕事上のことについて，1週間の「To-Do リスト」を作成するようにしている。毎週日曜の夜，あるいは月曜の朝にその週にやらなければならないことをリスト化する。基本的には優先順位に沿って，思いつくまま箇条書きにすることが多いが，リストの項目が多岐にわたる時には「重要度」（○

か×）と「緊急度」（○か×）によってマトリクスを作り，○2つのものを最重要，○1つのものを重要，○なしをその他として分類している。毎週の仕事は適宜リストを参照しながら行い，特定の仕事が片付くたびにリストの項目を削除する（あるいは二重線を引く）ようにしている。週の終わりまでにリスト中の項目すべてを削除できた時の達成感は言うまでもないが，実際にはいつもうまく行くとは限らず，残った課題や問題点を踏まえながら，また次の週の「To-Doリスト」を作成するといったプロセスを繰り返している。似たようなリストを作っている人は多いだろうが，これもメタ認知方略の一種である。

　これまでの応用言語学や第二言語習得研究では，勉強や仕事におけるこういった主体的な態度を「**自律**」（autonomy），あるいは「**自律学習**」（autonomous learning）といった研究領域のなかで扱ってきた。もともと西洋社会には個人の自律というものを重視し，それに大きな価値をおく社会的，文化的，精神的風土があり，自律学習に関する研究は古くから行われていた。実際，個人の自律という概念は18世紀以降，ヨーロッパにおける自由民主主義者や人道主義者の思考様式，行動様式の根底を成していたと言われている（Lindley, 1986）。

　このような起源を持つ自律概念に対しては当初，日本の学校教育というコンテクストにはそぐわないといった指摘がなされることもあったが，近年では自律学習といった用語もしっかり浸透した。例えば，国内における自律学習に関連した理論的，あるいは実証的研究（例：青木・中田, 2011; 大学英語教育学会学習ストラテジー研究会, 2005; 河合, 2000; 津田, 2013）が増えており，英語教育とその関連分野の最新情報を提供する専門誌である『英語教育』（大修館書店）でも自律学習の特集（2008年2月号, 2020年10月号）が組まれたり，英語教育のキーワードとして「自律的学習者」（2010年10月増刊号）が取り上げられたりしている。

　さらに，小学校では2020年4月，中学校，高等学校では2021年，2022年から順次実施されている学習指導要領においては，「評価の3観点」として，（1）知識・技能，（2）思考・判断・表現，（3）主体的

に学習に取り組む態度，を挙げている。この3点目についても，「自律」の概念に通じるものを感じ取ることができる。

　では，このような関心の高まりが見られる自律（学習）という概念に対して，私たちは具体的なイメージを持てているだろうか。例えば，「自律した学習者」といった言葉を聞いて，どのような学習者像を思い描くだろうか。先の章で扱った動機づけと同様，自律などのように目に見えないものや形のないもの（専門的には，**構成概念**（construct）と呼ばれる）には唯一絶対の定義が存在するわけではない。しかし，自律した学習者を目指すといった場合には，そもそも自律（学習）とは何かといった理解が不可欠なはずである。なぜなら，目指すべきイメージができてはじめて，自分には今，何が必要か，あるいは何が不足しているかといったことが明らかになってくるからである。

　このことについて，自律学習の先導的研究者であるベンソンは，自律（学習）が包含する概念を統合的に捉え，非常にわかりやすく自律についてまとめている。彼によれば，自律とは「自らの学習をコントロールする能力」(the capacity to take control over one's own learning) であり，そのコントロールする対象として，学習心理 (psychology of learning)，学習行動 (learning behavior)，学習状況 (learning situations) を挙げている (Benson, 2011)。これらをもう少しわかりやすい言葉で表すならば，それぞれ動機づけ，学習方略，学習内容とも言い換えられる。

　以下では，まずここまであまり取り上げてこなかった学習内容について確認した後，自律した学習者を複数の観点（動機づけ，学習方略，学習内容）から包括的に捉えることの意義について述べる。

　Holec (1981) や Cotterall and Crabbe (1999) では，自律学習を促す5つのステップとして，

(1) 目標を設定する（setting goals）

(2) 学習内容を決定する（determining learning content）

(3) 学習の方法を選択する（choosing methods of learning）

(4) 学習の進捗状況を確認する（monitoring learning progress）

(5) 学んだことを振り返る（reflecting on what has been learned）

を挙げている。ここから学習者が自律的に学習に取り組むということは，自らが自身の学習目標や学習内容の策定に深く関与し，その進捗を定期的に確認すること，すなわち学習者がメタ認知をフル活用している状況だということがわかる。

　私が過去に行った研究（廣森, 2009）では，上記のプロセスを学習者自身に経験してもらうことを意識した取り組みについて調査した。この研究では，学習者（この場合，大学1年生）の学習状況や学習動機を事前に調査し，その結果を反映させた学習目標（Can-Doリスト）の策定，ならびにその目標に準拠した指導実践の方法についてまとめている。

表6-3：Can-Doリスト（ライティング）に関する難易度調査の結果
（廣森（2009, p. 284）をもとに作成）

項目	ソース	学生の難易度に対する認識（%）			難易度
		できない	どちらでもない	できる	
1. 印象に残った出来事について，その内容を伝える文章を書くことができる。	英検2級	21.5	49.0	29.5	中
2. 住んでいる地域を紹介する簡単な文章を書くことができる。		18.0	40.0	41.9	低
3. 自分が読んだ本や見た映画について，自分の感想を書くことができる。		27.9	44.3	27.7	中
4. 友達への近況報告をするハガキ（またはEメール）を書くことができる。		27.2	43.6	29.2	中
5. 興味・関心のある話題について，説明する文章を書くことができる。	英検準1級	36.5	43.5	19.9	高
6. 興味・関心のある話題について，聞いたり読んだりした内容の要約を書くことができる。		48.0	38.2	13.8	高
7. 日常生活の身近な話題について，自分の考えや意見を書くことができる。		30.5	46.1	23.2	中
8. 日本の文化について紹介する簡単な文章を書くことができる。		30.3	46.9	22.7	中
9. 自分がやりたいと思っていることの説明や理由を書くことができる。		38.6	41.7	19.4	高

　例えば，学生を対象とした意識調査では，「必要度」チェック（特定の学習項目をどのくらい身につける必要があるか），ならびに「難易度」チェック（当該の項目をどの程度できると考えるか）を行うことにより，多くの学生が必要，かつ現状の英語力では難しいと考える項目を特定した。

　表6-3はライティング授業に関する結果の一部だが，ここから対象となった学生が「住んでいる地域を紹介する簡単な文章を書くことができる」の項目は比較的容易だと認識しているのに対して，「興味・関心のある話題について，聞いたり読んだりした内容の要約を書くことができる」「自分がやりたいと思っていることの説明や理由を書くことができる」といった項目は比較的困難だと認識していることがわかる。このような情報が得られれば，学生のニーズとレベルに応じた形で学習目標を設定することが可能になる。

　学習者自身が目標設定のプロセスに参画し，それに基づいた学習内容を学ぶことで，「到達すべき目標（ゴール）」，「目指すべき学習者像」を具体的にイメージすることができる。このようなイメージがより具体的になればなるほど，動機づけの向上に加え，学習方略の意識に対しても良い影響を与える。

　このことを象徴する具体例を紹介する。「ぼくは大人になったら，世界一のサッカー選手になりたいと言うよりなる。（中略）レギュラーになって，10番で活躍します。一年間の給料は40億円はほしいです。プーマとけいやくして…」。

　これはサッカー元日本代表の本田圭佑氏が小学生のときに書いた作文である。第二言語習得の動機づけ理論には，「なりたい**L2自己**」（ideal L2 self; Dörnyei, 2009）といったキーワードがしばしば登場する。これは英語を使って活躍する理想の自分を具体的にイメージすることで，現在の自分とのギャップを埋めようとする欲求が生じ，その欲求が動機づけの向上やどういった練習や学習が必要なのか（学習方法への意識）につながると考えるものである。

　私は大学の英語授業で，学生に自分が将来就きたいと考えている職業

で実際に英語を使って仕事をしている場面を想像してもらい，その場面で必要になる（であろう）英語表現を5つ挙げ，それを使ったスキットの作成とロールプレイの実演をしてもらっている。学生はたいてい楽しそうに取り組むが，なかには将来の理想の自分が遠すぎて，なかなか具体的にイメージできないといった学生も存在する。そういった学生には，尊敬する（憧れる）理想の友達をイメージするように指導している。これなら苦戦していた学生にとっても，ハードルが低く感じられるようである。

　類似した取り組みとして，Sato and Lara（2019）が挙げられる。この研究では，チリの大学で英語を学ぶ経営学専攻の大学生を対象に8週間にわたって，将来職場で英語を使って仕事をしているイメージを促進するためのペア活動を継続的に実施した。具体的には，英語での就職面接に関する動画を視聴し，どのような質問がされるかを考え，面接のロールプレイを行うなどであった。実験の結果，学生らは自身の理想像（なりたいL2自己）をより明確に意識することができ，またこのような学習経験によって動機づけが高まったことが明らかとなった。したがって，こういった足場がけ（サポート）を継続的に経験すれば，どのように自ら目標を設定し，学習内容を決定していけばよいか徐々に理解できるはずである。

　では，ここで話を最後の話題に移そう。自律した学習者を3つの観点（動機づけ，学習方略，学習内容）から捉える意義はどこにあるのだろうか。先に紹介した動機づけ，学習方略，学習成果の関連を扱った研究（Yamamori et al., 2003; 類似した研究として，Hiromori et al., 2012）からも明らかなように，自律的に学習に取り組み成果を上げる学習者のパターンは必ずしも1つではない。例えば，動機づけがそれほど高くなくとも，学習方略を効率的に使うことで学習成果を上げる学習者（図6-7の（2）のパターン）もいれば，一定程度の動機づけを持ちながら，自らが置かれた状況に最適な学習内容を取捨選択することで成果を上げる学習者（図6-7の（3）のパターン）もいるだろう。

このように多様なパターンから学習者を捉えることは，いわゆる英語学習に「成功する学習者」に対する認識やイメージを大きく変えるはずである。これまではいわば目指すべき理想の学習者像がどこかに存在し，皆がそのような学習者になること（あるいは，少なくともそれを目指すこと）が重要だと考えられてきた。しかし，本当に重要なことは，自らの英語学習に対する動機づけや学習方法の長所・短所を理解し，自分自身に合った最適な学習法を自らプロデュースしていくことである。自らの学習をメタ認知し，自律学習のサイクルを回すことができるようになれば，勉強の「量」と「質」は飛躍的に高まっていくはずである。

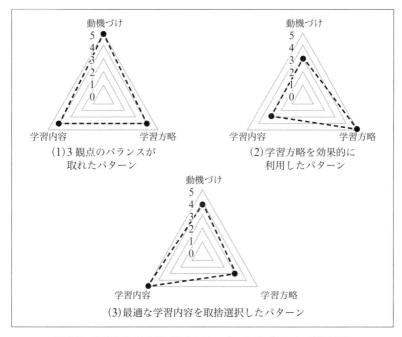

図6-7：自律した学習者に見られるいくつかのパターン（概念図）

練習問題

●復習編

(1) 「短期記憶」と「長期記憶」の違いについて，それぞれの特徴に留意しながら説明してみましょう。

(2) 次の各学習方略にあてはまる具体例を下記から1つ選び，記号で答えてみましょう。

1. 認知方略	…………	ア 自分を褒める
2. 補償方略	…………	イ ノートを取る
3. メタ認知方略	…………	ウ 学習の計画を立てる
4. 情意方略	…………	エ 周りの友達と協力する
5. 社会方略	…………	オ ジェスチャーを使う

●応用編

　第二言語習得の研究分野のなかには，「優れた言語学習者研究」（Good Language Learner Studies）と呼ばれる一連の研究がありますが，その発端はルービンによる研究（Rubin, 1975）だと言われています。この研究のなかで，彼女は外国語学習成功者が用いる7つの学習方略（次ページ）を提示しています。皆さんは日頃の英語学習において，これらの方略をどのくらい使っていますか（現実），あるいはどのくらい使うべきだと思っていますか（理想）。現実と理想の「ギャップ」を明らかにすることで，自身の英語学習のクセと課題を明らかにしましょう。

付録：外国語学習成功者が用いる 7 つの学習方略（ワークシート）

1. それぞれの学習方略をどのくらい使いますか？（あてはまるところに☑）

← ────────────────────────────────── →

1 全く使わない ・・・・ 2 ・・・・ 3 ときどき ・・・・ 4 ・・・・5 とてもよく使う

	1	2	3	4	5
積極的かつ正確に推測する					
コミュニケーションに対して強い意欲を持っている					
誤りを犯すことを恐れない					
言語の形式に十分な注意を払う					
日々の練習を怠らない					
自分や相手の発話をモニタリングする					
言語の意味に十分な注意を払う					

2. それぞれの学習方略をどのくらい重要だと思いますか？（あてはまるところに☑）

← ────────────────────────────────── →

1 全く重要ではない ・・・・2・・・・3 どちらとも言えない ・・・・4・・・・ 5 とても重要

	1	2	3	4	5
積極的かつ正確に推測する					
コミュニケーションに対して強い意欲を持っている					
誤りを犯すことを恐れない					
言語の形式に十分な注意を払う					
日々の練習を怠らない					
自分や相手の発話をモニタリングする					
言語の意味に十分な注意を払う					

3. 現実（1）と理想（2）の「ギャップ」（1 と 2 の差）が大きい方略ベスト 3 を明らかにしたうえで，それぞれのギャップを埋めるためにできることを考えてみましょう。

文献案内

(1) 竹内 理（2003）.『より良い外国語学習法を求めて：外国語学習成功者の研究』松柏社.

外国語の学習に成功した学習者はどのような特徴を持っているのか，多様なデータ（質問紙調査，インタビュー調査，書籍調査）とこれまでの理論研究の成果を照らし合わせながら詳細に分析したものです。専門的な研究書にもかかわらず，簡潔で要を得た記述で書かれているため，初学者でも十分に理解できる内容となっています。

(2) 青木直子・中田賀之（編）（2011）.『学習者オートノミー：日本語教育と外国語教育の未来のために』ひつじ書房.

本書は*Mapping the terrain of learner autonomy: Learning environments, learning communities and identities*（タンペレ大学出版会，2009）に所収された論文の翻訳がベースになっていますが，日本の読者を想定して新たに編集し直されたものです。言語教育における学習者オートノミー研究の歴史や現状をわかりやすく概観するだけでなく，なぜ学習者オートノミーという概念が重要なのかを多角的な観点から検討している点が特徴です。

(3) Oxford, R.（2017）.*Teaching and researching language learning strategies: Self-regulation in context*（2nd ed.）. Routledge.

学習方略の研究が本格的に行われるようになった発端は，オックスフォードが 1990 年に出版した *Language learning strategies: What every teacher should know*（翻訳は『言語学習ストラテジー：外国語教師が知っておかなければならないこと』凡人社）の影響が大きいと考えられています。本書は，その後の膨大な研究をメタ認知や自己調整といったキーワードに基づき，体系的に整理したものです。豊富な具体例だけでなく，各章ごとに Questions, Tasks, Project for Readers と呼ばれるセクションが設けられており，自らの外国語学習や指導の経験を振り返りながら読み進められる工夫が随所にされています。

ペアワークを使った語彙学習方略とは？

英単語を覚えようとしても，すぐに飽きて（忘れて，諦めて）しまい
ます。どうしたら単語の学習を継続的に行い，語彙力を強化すること
ができるのでしょうか。

　言語を習得するうえで，語彙は重要な役割を果たしています。例えば，英
語を使ってコミュニケーションしている場面を想像してみてください。発音
時のアクセントや文法・語法，語順を間違っても意味が通じることが多い一
方，単語がわからなければコミュニケーションは中断してしまいます。もち
ろん，他の単語や表現で言い換える（パラフレーズする）こともできますが，
そもそも言い換える単語や表現を知らなければパラフレーズすることもでき
ません。このことから，新聞やニュースを見たり（聞いたり），小説を読ん
だりするだけでなく，実際のコミュニケーション場面においても語彙力が重
要になることは想像に難くありません。
　ところが，単語の学習というのはそれほど容易ではありません。主な理由
を以下に3点ほど挙げます。1点目は，ゴールがなかなか見えないことです。
語彙力を増やすといった時，私たちは一体，何語を目標にすればよいので
しょうか。一般書を読むには3,000〜5,000語程度（Nation & Waring,
1997），大学の教科書レベルで10,000語程度（Hazenberg & Hulstijn,
1996）必要だと言われていますし，日々新しい単語や流行語も増え続けて
います。先が見えない学習に諦めや孤独を感じ，やる気を低下させてしまっ
たことは多くの方が経験しているはずです。
　2点目は，単語の学習はインプット中心になってしまうということです。
私たちは単語帳やリーディングを通じて単語を学ぶことが多いと思います
が，効果的な言語習得にはアウトプットも必要不可欠です。例えば，アウト
プットすることによってはじめて，自分にはどの知識が欠けていたのか，自
らの中間言語の「穴」に気づくことができます（本書第4章参照）。
　3点目は，繰り返しが難しいということです。語彙習得のためには繰り返

しが基本だと言われています。例えば，Nation（2013）はある単語を覚えるためには，ほとんどの学習者は5〜7回，一部の学習者は20回以上の繰り返し学習が必要だと指摘しています。しかし，繰り返しはどうしても単調になりやすく，飽きたりつまらなく感じたりしてしまいます。

　では，以上のような単語学習の問題点・課題を克服するにはどうしたらよいのでしょうか。1つの方法は，語彙学習に関する方略，「語彙学習方略」（vocabulary learning strategy）を利用することです。例えば，代表的な方略として「グループ化方略」があります。この方略は，単語を「意味」でグループ化したり（例：人の外見を説明・描写する単語をまとめて覚える），「形」でグループ化したり（例：接頭辞・接尾辞を使って覚える），「コロケーション」でグループ化したり（例：まとまって使われるフレーズをセットで覚える）といった学習法です。先述したNation（2013）は語彙学習に関する研究を包括的にまとめた書籍ですが，そのなかでも語彙学習方略についての章を設けています。そういった方略を試してみることによって，語彙学習の効率を大きく上げられる可能性があります。

　ただし，一方で，語彙学習方略をうまく使えたからといって，先に挙げた単語学習上の問題点・課題をすべて克服できるわけではありません。そこで単語の学習を継続的に行い，語彙力を強化するためにお勧めしたいのが，「ペアによる単語学習」です。ペアで単語を学習するのがなぜ良いのか？　それは，ペアで協力・競争することでやる気を高めることができ，アウトプット活動が可能になり，さらに多様な方法での繰り返し学習が可能になるからです。以下，阪田ら（2014）を参考に具体例を紹介します。

　ペアで単語帳の特定のページをそれぞれ覚えてきたとします。まずは，その復習として，お互いに問題を出し合うことから始めます。例えば，日本語訳を言う—単語を答える，単語を言う—日本語訳を答える，英語の定義を言う—単語を答える，などさまざまなパターンがあります。

　また，新しく覚えた単語とすでに知っている単語を結び付ける活動も可能です。例えば，図6-8のフォークの柄の部分に覚えた単語を書き込みます。その単語と一緒に使われる単語（コロケーション）をペアで1つずつ言い合っていきます。例えば，"speculation"なら，"pure"，"good"，"wild"，"widespread"，"beyond"などのコロケーションが考えられます。わからなければ日本語でメモしておき，あとで調べることにしてもよいでしょう。

154

```
  pure
  good
  wild
widespread   speculation
  beyond
   …
```

図 6-8：フォークメソッド

　同様に，新出の単語をクモの巣（図 6-9）の中心に置き，その単語から連想される単語をペアでかわるがわる言っていきます。こうした活動を通じて，記憶のネットワークをより強固にし，覚えた単語をできるだけ忘れにくくすることができます。

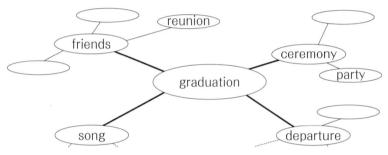

図 6-9：クモの巣メソッド

　さらに，ペアの相手とよりインタラクティブに単語を学ぶこともできます。例えば，ペアで 20 語の単語リストをそれぞれ覚えたとします。A さんは覚えた単語のなかからランダムに 1 語を選び，その単語について B さんに英語で説明をします（もちろん，その単語そのものを使ってはいけません）。B さんはその説明を聞きながら，相手がどの単語を選んだかを推測します。正解したら役割を交代して，覚えた単語すべてをカバーするまで続けます。

　語彙力を高めることは英語学習の核にもなり得る一方，継続が難しく，繰り返しも単調で，インプット活動に偏ってしまいがちです。そのような現状に対して，ペアでの単語学習を取り入れることは，より楽しく，繰り返しを伴ったアウトプット活動を継続的に行うことを可能にしてくれます。一度，試してみてはいかがでしょうか。

エンゲージメント（engagement）とは？

　第 6 章で見てきたように，動機づけと学習方略は密接に関連しながら，第二言語習得のプロセスに影響を与えています。近年の SLA 研究では，この両者（動機づけと学習方略）を統合的に捉えるアプローチが増えており，その典型例が「**エンゲージメント**」（engagement）です。

　エンゲージメント（動詞形は "engage"）には数多くの定義がありますが，その主要な意味は「積極的な参加，関与，取り組み」です。Mercer and Dörnyei（2020）によれば，動機づけが学習の準備に必要なものだとすれば，エンゲージメントは学習を成立させるために不可欠なものとして位置づけられています。では，SLA 研究において，なぜエンゲージメントが注目されるようになったのでしょうか？　それは外国語（英語）の上達には，やる気（気持ち）だけでは不十分であり，実際の行動が不可欠だからです。

　Al-Hoorie（2018）が行った研究は，そのことを象徴的に示しています。彼は計 32,078 名を対象にして行われた 32 の研究結果を体系的に整理して，メタ分析を行いました。その結果，これまで動機づけを測定するアンケートなどで頻繁に用いられてきた「主観的な努力」（"intended effort" と呼ばれる；具体的な項目例として「英語を頑張って勉強していると思う」など）は学習成果とごくわずかな相関（$r = .12$）しかなかったことを明らかにしています。このことは学習の成果を上げるためには気持ちだけでは不十分であり，実際の行動が伴う必要があることを示しています。

　エンゲージメントに関する研究の特徴としては，学習者が動機づけられた状態を行動面，認知面，感情面など多様な側面から包括的に捉えようとしている点が挙げられます。表 6-4 は各側面の構成要素をまとめたものです。表から明らかなように，行動的／認知的エンゲージメントは学習方略，感情的エンゲージメントは動機づけと概念的に重複する部分が多いことがわかります。

表6-4：エンゲージメントの構成要素（Christenson et al., 2012をもとに作成）

要素	定義
行動的エンゲージメント	学習活動に積極的に参加し，集中している状態 （例：難しいところがあっても，諦めないで取り組む）
認知的エンゲージメント	課題解決に向けて，思考を働かせている状態 （例：勉強の仕方を考えながら取り組む）
感情的エンゲージメント	学習活動にポジティブな感情を抱いている状態 （例：興味や関心を持って取り組む）

　では，エンゲージメントの観点から，どのような示唆が得られるでしょうか？　第1に，エンゲージメントの各側面は密接に関連しているということです。このことは，エンゲージメントのある側面に働きかけることで，他の（別の）側面にプラスの影響を与え，結果として，取り組み全体を促進できる可能性があることを意味しています。たとえ興味がわかない課題であっても，とりあえず10分だけと思って始めてみる（行動的にエンゲージする）と，意外と面白くなって夢中で取り組んでしまう（感情的にエンゲージする）といったことはよくあるはずです。エンゲージメントのこのような特徴を利用することで，学習成果の向上を期待できます。

　第2として，私たちはともすれば目に見えやすい（うわべの）行動で学習者のエンゲージメントを判断しがちです。ただし，実際の学習者の取り組みを観察してみると，積極的に意見を言い合っている（行動的エンゲージメントが高い）ように見えても，ただ単におしゃべりをしているだけ（認知的エンゲージメントが低い）だったり，逆に活発に話し合っているようには見えない（行動的エンゲージメントが低い）にもかかわらず，実際は課題について真剣に考え合っている（認知的／感情的エンゲージメントが高い）ということもあるものです（Hiromori, 2021）。したがって，学習者が "authentic engagement" をしているかどうか見極めるためには，彼らの取り組みを統合的な観点から観察・評価する必要があります。

7 個性に合った学びのあり方：学習スタイル

本章では第二言語習得において，学習スタイルがどのような役割を果たしているのかについて考えていく。はじめに，私たちは同じものを見ても違った認識・解釈をすることがあること，その背景には学習スタイル（認知スタイル）の違いが起因していることを指摘する。つぎに，学習スタイルの特性について，「オニオン・モデル」を例に挙げながら確認する。さらに，英語学習における代表的な学習スタイルに触れたうえで，内向性─外向性と学習成果の関わりを検討する。

私たちは学校や職場において，さまざまな状況（スタイル）で勉強や仕事をすることが求められる。そこで，本書のまとめとして，自らのスタイルを拡張するトレーニング方法について紹介する。

7.1. 1つの絵，2つの解釈？

まず，次ページ上の絵を見てほしい。心理学の実験などにも使われる有名な絵だが，皆さんには，これら2つが何の絵に見えるだろうか。

図 **7-1**（通称「ルビンの壺」）であれば，2人の顔が向き合っているように見えた方もいれば，杯や壺のように見えた方もいるはずだ。同様に図 **7-2**（通称「妻と義母」）も，後ろを向いている若めの女性か，真横を向いている老婆のどちらかに見えたのではないだろうか。

これらは「だまし絵」（あるいは隠し絵）と呼ばれるもので，私たち

図 7-1

図 7-2

の視覚的錯覚を利用した絵である。

　興味深いことに，上記のような2通りの解釈ができる絵を見た時，私たちは同時に両方の解釈をすることはできず，どちらか一方の解釈しかできない（つまり，図7-1であれば，2人の顔と杯が同時に見えることはない）。別の言い方をすれば，私たちはたとえ同じものを見たとしても，必ずしも同じように認識・解釈するとは限らない。

　では，なぜ同じものを見ても，違った認識・解釈をするというようなことが起こるのだろうか。Keirsey and Bates（1984, p. 2）は次のように述べている。

　「人は基本的なところで違っている。異なるものを欲しがるし，異なる動機，目的，目標，価値観，要求，動因，衝動，欲望を持っている。これ以上根本的なものは他にない。人は，それぞれ信念が異なるし，思考，認識，概念，知覚，解釈，理解，着想も違っている。もちろん行動や感情の様式も，欲求や信念に影響されて，ある傾向のもとにあるし，人によって大きく異なっている。」　（訳は河合（2010）による）

　このような違いがこれまでに扱った動機づけ（第5章）や学習方略（第6章）の選択・使用，すなわち学習者の多様性や個人差となって現れる。

そこで本章では，動機づけや学習方略よりも，さらに根本的な特性だと考えられる学習スタイルについて見ていく。

7.2. 学習スタイルとは何か？

　一般に，人の性質，振る舞いにはさまざまな差異が見られる。このような違いは，広義には「認知スタイル」(cognitive style)，より狭義には「学習スタイル」(learning style) の違いに起因するものである。例えば，視覚情報よりも音声情報を用いた方がうまく学習が進むといったことや，1人で黙々と単語の暗記や発音練習に取り組む方が，ペアやグループで目標言語による活動を行うより居心地が良いといったことは往々にしてあるだろう。このように学習スタイルは「学習を行ううえでの大まかな好み」(Ehrman, 1996) であり，「情報の受容・処理・反応の習慣的パターン」(Leaver et al., 2005) であると考えられる。

　学習スタイルについてはさまざまな観点から研究が進められており，その分類も多岐にわたっている。例えば，英国の学習スキル研究センター (Learning and Skills Research Centre: LSRC) の調査によると，これまで71種類もの異なった学習スタイルの理論やモデルが提唱されている (Coffield et al., 2004)。このこと自体は学習スタイルをより精緻に記述・検討することを可能にするという点において有益だが，同時に課題や問題点も存在する。なかでも大きな課題と考えられるのは，それぞれの研究で議論されている個々の学習スタイルの相互関係が明らかではないということである。つまり，対象とする学習スタイルが多種多様なため，各要因がどういった関係にあるのかといったことはあまり定かではない。

　そのような状況において，多様な学習スタイルをわかりやすく分類し，近年においても幅広く参照されているものとして，Curry (1983) による「オニオン・モデル」(onion model) が挙げられる。このモデルでは学習スタイルを図7-3のように3つの層に分け，類型化している。

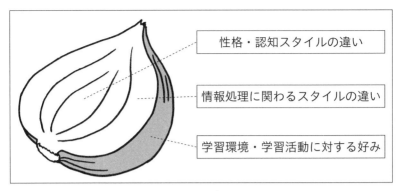

性格・認知スタイルの違い

情報処理に関わるスタイルの違い

学習環境・学習活動に対する好み

図7-3：学習スタイルのオニオン・モデル（Curry（1983）をもとに作成）

　一番内側には，性格や認知スタイルといった生得的で安定した要因を置いており，これらは一般に外からの影響を受けにくい。

　芯と皮の間の層は，視覚型（目からの情報，すなわち文字によって学習するのが得意）や聴覚型（耳からの情報，すなわち音声によって学習するのが得意）といった情報処理のスタイルに関する要因であり，現存する学習スタイルの理論やモデルの多くはこの層に分類されると言われている（青木，2005）。

　そして一番外側には，個人学習やペア／グループ学習など，教授法の好みに関する要因を置いている。一番外側に分類される要因は周りの学習環境や教師などといった外的な影響を受けやすく，結果として不安定になりやすい。このように学習スタイルを生得的（安定的）な要因から後天的（不安定的）な要因による「1つの連続体」として捉えることで，学習スタイルに関する多様な要因を包含できるだけでなく，学習スタイルの変化や発達を検討することが可能なモデルとなっている。

　学習者と教師，あるいは学習者と学習教材や学習方法の間に学習スタイル上の不一致がある場合，衝突（コンフリクト）が起こることが多い。この現象は「スタイル・ウォーズ」（style wars）と呼ばれることがあるが，一度そのような事態が生じてしまうと学習は滞り，学習者と教師の双方が苦痛を感じてしまうことになる。学習スタイルは第二言語習得に

限らず，広く学習一般がうまく行くために重要な意味を持っている。

7.3. 英語学習にはどんなスタイルがあるのか？

では，私たちはどのような学習スタイルを持っているのだろうか。ここでは先述したオニオン・モデルを参考に，各層における典型的な要因を取り上げ確認する。

(1) 性格・認知スタイルの違い

心理学者として知られるアイゼンクは，以下のように述べている。

「人間は多くの点で互いに異なるが，そのうちのいくつかは心理学にとって明らかに他のものよりも重要である。足のサイズや目の色は，おそらく行動の決定要因としてはほとんど，あるいはまったく関係がない。（プロのサッカー選手にとっては，足のサイズは重要かもしれないが！）一方，性格は人間の行動に影響を与える大きな役割を果たすようだ。」(Eysenck, 1994, p. 1; 訳は著者による)

これまで第二言語習得に影響を与える性格要因としては，「外向性」(extroversion)，「自尊心」(self-esteem)，「不安」(anxiety)，「共感」(empathy) などさまざまな要因が取り上げられてきた (Brown, 2007)。近年は，主要な要因を整理・統合した「ビッグ・ファイブ」——「外向性」，「協調性」(agreeableness)，「誠実性」(conscientiousness)，「情動性」(neuroticism)，「開放性」(openness) からなる——と呼ばれるモデルが大きな影響力を持っている。

私たちは日常生活のなかで，自分や周囲の人を「優しい」「頑固」「活発」などと表現することが多い。この考え方は直感的でわかりやすいが，世のなかのすべての人を典型的な"優しい人"や典型的な"頑固な人"に分類できるわけではない。また，"優しいけど頑固な人"というのも

いるはずである。ビッグ・ファイブモデルでは，このような人間の性格を特性の「組み合わせ」として説明しようとする。例えば，ある人は優しくて活発だけど頑固ではない，別の人は優しいけど頑固であまり活発ではないというように，人の性格をさまざまな特性の組み合わせで表現する。

　一般に，私たちはビッグ・ファイブのそれぞれの特性から肯定的（ポジティブ）か否定的（ネガティブ）なイメージを連想しがちだが，これまでの研究を見ると，そのイメージは必ずしも正しいとは言えない（Piechurska-Kuciel, 2020）。例えば，「情動性」（神経症傾向とも呼ばれる）は，不安，怒り，抑うつなどの好ましくない感情を持ちがちで，この特性が強いとストレスに対処できず，さまざまな精神疾患を引き起こすなど，マイナスの影響を与えることが多い。一方で，情動性が強い場合に見られる警戒心は，より入念な準備を促し，学業成績に良い影響を与える可能性もある。このように，それぞれの特性は，特定の状況や文脈との相互作用によって，異なる影響力を持つと考えられる。

　ビッグ・ファイブモデルのなかでも，第二言語習得との関連でとりわけ注目されてきたのは，「外向性」と，その対概念にあたる「内向性」（introversion）である（Carrell et al., 1996; Chen et al., 2022; Wakamoto, 2000）。その詳細について紹介する前に，まず1つ確認しておきたい。読者の皆さんは自分のことを外向的な性格，あるいは内向的な性格のどちらだと思われているだろうか。ここでは性格診断尺度（Costa & McCrae, 1992; 下仲ら, 1999［日本語版］：次ページの図 **7-4**）を用いて，実際に調べてみることにしよう。

　計12の項目は基本的には数値が高いほど外向的であることを示すが，項目 3，6，9，12 については逆転項目となっており，数値が低いほど外向的であることを意味する。したがって，合計値を出す場合，これらの項目は反転させる必要がある（例：$0 \rightarrow 4$, $1 \rightarrow 3$, $2 \rightarrow 2$, $3 \rightarrow 1$, $4 \rightarrow 0$）。

　以前，私の授業を受講していた大学生 119 名にこの尺度に回答して

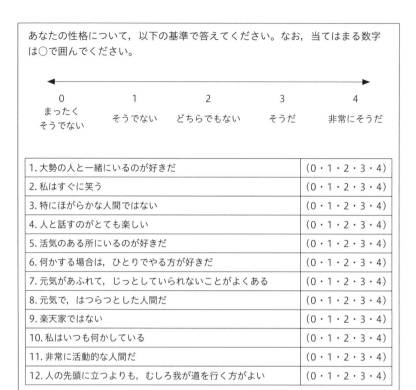

あなたの性格について，以下の基準で答えてください。なお，当てはまる数字は○で囲んでください。

0	1	2	3	4
まったくそうでない	そうでない	どちらでもない	そうだ	非常にそうだ

1. 大勢の人と一緒にいるのが好きだ	(0・1・2・3・4)
2. 私はすぐに笑う	(0・1・2・3・4)
3. 特にほがらかな人間ではない	(0・1・2・3・4)
4. 人と話すのがとても楽しい	(0・1・2・3・4)
5. 活気のある所にいるのが好きだ	(0・1・2・3・4)
6. 何かする場合は，ひとりでやる方が好きだ	(0・1・2・3・4)
7. 元気があふれて，じっとしていられないことがよくある	(0・1・2・3・4)
8. 元気で，はつらつとした人間だ	(0・1・2・3・4)
9. 楽天家ではない	(0・1・2・3・4)
10. 私はいつも何かしている	(0・1・2・3・4)
11. 非常に活動的な人間だ	(0・1・2・3・4)
12. 人の先頭に立つよりも，むしろ我が道を行く方がよい	(0・1・2・3・4)

図7-4：性格（外向性－内向性）に関する診断尺度

（下仲ら（1999）をもとに作成）

もらったところ，彼らの合計の平均値は26.7（標準偏差6.7）であった。日本語版を作成した下仲らが尺度の妥当性を検証するために行った調査結果でも，成人の平均25.3（標準偏差5.8），大学生の平均26.0（標準偏差6.9）といった数値が報告されており，ほぼ同様の結果であった（下仲ら，2011, p. 14）。一方，私の場合はと言えば，合計が21（！），一般的な成人や大学生よりも内気なタイプのようである。読者の皆さんはいかがであっただろう。

　ところで，私のような内気（内向型）の人間は，英語学習には不向きなのだろうか。概して，外向的な人ほど，積極的に会話に参加するため，

インタラクションの機会が増える，よくおしゃべりするため，アウトプットやインプットの機会も増えると考えられる。第3章，第4章ですでに指摘したように，言語習得にとってインプット，インタラクション，アウトプットは必要不可欠である。これらの点を考慮すると，外向的な性格の学習者は言語習得にとって優位に働くと予測できる。このような仮説は本当なのだろうか。この点については，のちに詳しく検討する。

(2) 情報処理に関わるスタイルの違い，学習環境・学習活動に対する好み

　情報処理や学習環境・学習活動に対する好みを調査する尺度として，これまで第二言語習得研究においておそらくもっとも頻繁に用いられてきたものに，Reid（1987, 1995, 1998）などによる **"Perceptual Learning Style Preference Questionnaire: PLSPQ"** が挙げられる。このアンケート，スコアシート，ならびに結果の解釈・説明については，すべてインターネット上からダウンロードが可能となっている。（2023年1月時点でのURLは次の通り。https://bit.ly/40qUM32）

　PLSPQでは，私たちの感覚性向に対する好みを計6つのタイプに分類・測定している。具体的には，情報処理に関わるスタイルとして，

（1）視覚型（visual）
　　例：「私は先生が黒板に書いたものを読むと，より良く学べる。」
　　　　「私は講義を聞くより，教科書を読んだ方が勉強になる。」
（2）聴覚型（auditory）
　　例：「先生が指示を出してくれると，よく理解できる。」
　　　　「授業で聞いたことは，読んだことよりもよく覚えている。」
（3）運動型（kinesthetic）
　　例：「私は授業で何か活動をすることによって学ぶのが好きだ。」
　　　　「授業では，ロールプレイなどに参加した方がよく理解できる。」

(4) 触覚型（tactile）

　例：「授業のプロジェクトで何かを作ると，より良く学べる。」

　　　「私は授業のプロジェクトで何かを作るのが楽しい。」

学習環境・学習活動に対する好みとして，

(5) グループ型（group）

　例：「私はグループで勉強すると，より良く学べる。」

　　　「私は他の人と一緒に勉強するのが好きだ。」

(6) 個人型（individual）

　例：「一人で勉強すると，よく覚えられる。」

　　　「授業では，一人で作業した方がうまくいく。」

が含まれている。馴染みが薄いと思われる運動型，触覚型についてのみ簡単に説明しておくと，運動型とはじっと座っているよりも体を動かしたり教室内を動き回ることで学習が促進されやすいタイプ，触覚型とは物に触れたり作ったり，何か作業（プロジェクト）を行うことで学習が促進されやすいタイプのことである。

表 7-1：感覚性向に対する好みの違い（Reid（1987，1998）をもとに作成）

母語	得意	どちらでもない	不得意
アラビア語	視覚，聴覚，運動，触覚	グループ，個人	なし
スペイン語	運動，触覚	視覚，聴覚，個人	グループ
日本語	なし	視覚，聴覚，運動，触覚，個人	グループ
マレー語	運動，触覚	視覚，聴覚，グループ，個人	なし
中国語	視覚，聴覚，運動，触覚	個人	グループ
韓国語	視覚，聴覚，運動，触覚	個人	グループ
タイ語	運動，触覚	視覚，聴覚，個人	グループ
インドネシア語	聴覚，運動	視覚，触覚，個人	グループ
英語	聴覚，運動	視覚，触覚，個人	グループ

　リードらは母語が異なるさまざまな国籍の英語学習者を対象として，PLSPQ を用いたアンケート調査を実施している。その結果の概要をまとめたのが，**表 7-1** である。

　この表から，日本人にはそれほどあてはまらないようだが，母語が何語であるかに関わらず，学習者は運動型や触覚型のスタイルを好む傾向にあることがわかる。このことは，教師主導による講義型の授業ではなく，学習者が中心となって活動する参加型の学習形態を彼らは得意だと認識していることを意味する。

　一方で，これは多くの教師にとって意外な結果かもしれないが，多くの学習者はグループによる学習を苦手とする，すなわち，できればこういった形態での学習は避けたいと感じている。このような結果は，私の講義を受講する大学生を対象にした調査でも得られており，また学習者の学習スタイルと教師の指導スタイルの一致・不一致の関係を調べた研究（Peacock, 2001）においても，同様の結果が報告されている。近年，英語の授業ではコミュニケーション能力の育成がこれまで以上に求められ，ペアやグループで実際に英語を使って行う活動が増えている。しかし，こういった活動がより高い効果を上げるためには，ただ単にペアやグループを作り活動させればよいというわけではなく，事前に学習者同士や教師と学習者が協力して課題に取り組めるようなラポール（相互の信頼関係）作りが大切なことが示唆される。

7. 4. 内向性と外向性，どちらが英語学習に向いているのか？

　では，先述した「内向的な性格は英語学習には向かないのか」といった話題に話を戻そう。この話題について考える時，私はいつも思うことがある。それはこの種の話というのは，性格と血液型の話に似ているのではないかということだ。私たち日本人のなかには，「血液型は性格と密接な関係がある」と考えて（信じて）いる方が少なくないように思う。普段の会話でも，血液型（と性格）の話はよく交わされるし，私自身も

職場に出かける前は何となく「今日の血液型占い」が気になってしまう。（ちなみに一般的には，A型は「気配り派，慎重，堅実，勤勉」（日本人のおおよそ40%），B型は「マイペース，楽天的，自由奔放」（20%），O型は「現実派，頑固，親分肌」（30%），AB型は「芸術派，ユニーク，複雑」（10%）だと言われている。私はA型のためか，「そうそう」と思ってしまうが，B型やAB型の方などはこの話になると，何となく「またか」と思ってしまうのではないだろうか。）

　私たち日本人ですら知らない人が多いかもしれないが，以前，イギリスのBBCが伝えたニュース "Japan and blood types: Does it determine personality?" (Evans, 2012) によると，「第二次世界大戦中，日本軍は優秀な兵士を育成するため，血液型に基づいて戦闘部隊を形成していた」，「北京オリンピックで金メダルを取った女子ソフトボールチームは，血液型によって選手1人1人のトレーニング法をカスタマイズしていた」，「1990年代，三菱電機はAB型の社員だけを集めたチームを結成／発表したが，その時の理由は「彼らの企画力が優れている」というものだった」など，血液型にまつわる衝撃的なエピソードを紹介している。

　ただし，BBCは同じニュースのなかで，血液型は単に血液中のたんぱく質によって決まること，したがって，血液型と性格の関係には科学的な根拠はないことを指摘している。

　また，国内では，『心理学研究』という学術誌に「血液型と性格の無関連性」と題した論文が発表されている（縄田, 2014; 強調は引用者による）。この論文では，無作為標本抽出に基づく日米の合計10,000人以上を対象にデータ（より具体的には日本のデータは2004年に収集されたもの（$n = 2878$-2938）と2005年に収集されたもの（$n = 3618$-3692），米国のデータは2004年に収集されたもの（$n = 3037$-3092）が分析対象となっている）を取り，生活上のさまざまな好き嫌いなどを尋ねた意識調査（項目の例としては，「楽しみはあとに取っておきたい」「ギャンブルはすべきではない」「子どもの将来が気にかかる」など計68項目）に回答してもらい，

その回答傾向と血液型との関連について調査している。分析の結果，68項目に対する回答のうち，65項目で血液型間に統計的に意味のある差が見られなかった。また，差が認められた3項目についても，その差はごくわずか（誤差の範囲）であったことから，血液型と性格に関連性はないと結論づけている。

　前置きが長くなったが，内向性─外向性と英語学習の関連について考える際には，このようにできるだけ客観的なデータや理論をもとに議論すべきだと考える。そこで以下では，これまでに本書で取り上げた言語習得に関する代表的なモデル（仮説）の観点から，両者の関連について検討する。具体的には，「インプット仮説」（理解可能なインプットを大量に与えることにより，第二言語習得は促進される；第3章参照），「インタラクション仮説」（目標言語による意味交渉の機会を数多く持つことにより，第二言語習得は促進される；同章），「アウトプット仮説」（理解可能なアウトプットを産出することにより，第二言語習得は促進される；第4章）である。これら3つの仮説から，どちらのタイプ（内向性／外向性）が言語習得に有利だと考えられるかをまとめたのが，**表7-2** である。

表7-2：言語習得に関する代表的な仮説と内向性／外向性との関連
（注：各仮説から論理的に想定される関連をまとめたもの）

	内向性	外向性
インプット仮説	○	×
インタラクション仮説	×	○
アウトプット仮説	×（△）	○

　まず，内向性については，インプット重視の活動を好む一方，ペアやグループによるやり取り（インタラクション）には抵抗を感じる傾向が強いことが予想される。このことはスピーキング活動（アウトプット）にもあてはまるが，ライティングのように1人でも黙々と学習できる

ような場合には，それほど不都合は生じないかもしれない。

　逆に，外向性については，他者とやり取りをしたいという欲求が強いことから，インタラクションやアウトプットを中心とした活動を好む可能性は高い。しかし，時間をかけて洋書を読んだり，英会話のラジオを継続的に聴いたりといったインプット重視の活動は不向きなことが予想される。以上から，内向性，外向性ともに言語習得に向いていないということはないが，より適した学習の仕方というものがありそうなことがわかる。

　このような仮説を裏付けるように，近年の研究では内向性，外向的ともに目標言語を学習・使用するうえでそれぞれ独自の嗜好性を持っており，どちらかが優れていると断定すべきではないといった主張がなされることも多い（Dewaele, 2012; Dörnyei & Ryan, 2015）。

　上記との関連において，これまで心理学の分野を中心に古くから研究が行われてきた「適性処遇交互作用」（Aptitude Treatment Interaction (ATI): Cronbach, 1957; Cronbach & Snow, 1977）という考え方は示唆に富む。適性処遇交互作用とは，一言で言えば，学習の成果は学習者の個性・適性（aptitude）と教師の処遇・働きかけ（treatment）との相互作用（interaction）によって決まると考えるものである。この枠組みは，どのような適性の学習者にはどのような指導法や教材が最適なのかといった，個人差に応じた学習支援を考えるうえで重要な意味を持つものであり，近年の第二言語習得研究，とりわけ言語適性に関する研究分野においては多くの注目を集めている（DeKeyser, 2012; Granena & Yilmaz, 2018; Suzuki & DeKeyser, 2017; Vatz et al., 2013）。以下，具体例を挙げながら説明する。

　図7-5は，学習者の個性・適性と指導法の関係が学習成果に与える影響を，代表的な3つのパターンにまとめたものである。（1）は学習者の個性や適性に関わらず，つねに指導法Aが指導法Bより優れているケースである。この場合，学習者の個性や適性は学習成果に影響を与えない（言い換えれば，指導法のみが学習成果を規定している）。

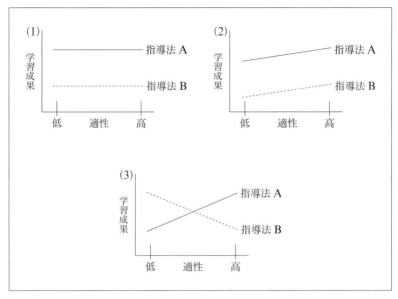

図 7-5：学習者の個性・適性と指導法の関係

（2）も同様に，学習者の個性や適性に関わらず，つねに指導法 A が優れている。ただし，この場合は，適性が高い学習者は指導法 A，B のいずれにおいても，適性が低い学習者より学習成果が高い（つまり，学習者の個性や適性と指導法がそれぞれ個別に学習成果を規定している）。

（3）は適性処遇交互作用が見られる典型的なケースである。この場合，学習者の個性や適性，あるいは指導法はそれぞれ個別に学習成果を規定するのではなく，両者の「組み合わせ」が学習成果を規定している。

英語学習に関連した例を挙げながら，（3）について説明する。例えば，人と話すのが得意な外向的な学習者には，コミュニケーション重視の指導（指導法 A）は向いているだろう。したがって，そのような学習者が指導法 A を受けた場合，結果的に期待した学習成果を上げる可能性は高い。しかし，こういった指導は人と一緒にいるのがあまり得意ではなく，どちらかといえば 1 人で勉強する方が好きな内向的な学習者には苦痛に感じられるかもしれない。つまり，彼らにはさほど高い学習成

果は期待できないと予想される。一方で，個々の学習者が自分のペースで取り組む個別学習重視の指導（指導法 B）では，先述とは逆の結果が得られる可能性が高い。これらのことから，指導法 A と指導法 B による学習（あるいは指導）成果は，学習者の個性や適性によって変化すると言える。

　では，以上のことを踏まえたうえで，個々の学習者が持つ個性や適性，つまり学習者の多様性を最大限に発揮した英語学習を実現するためには，どうしたらよいのだろうか。次節では，このことについて検討していく。

7.5. 学習スタイルと指導スタイルの一致・不一致とは？

　学習スタイルと指導スタイルがマッチした場合，より高い学習成果を得られる可能性が高まることから，指導者はできるだけ学習者のスタイルに合った授業（指導）を心掛けるとよいことは言うまでもない。ただし，実際の教室には，多種多様な個性や適性を持った学習者が数多く存在する。このような状況において，果たしてどういった指導が可能なのか。

　もっとも留意すべき点は，さまざまなスタイルを取り入れた指導を心掛けるということであろう。私たち教師はともすれば，ある特定の活動や方法に偏った指導をしてしまいがちである。これは自分自身がかつて習った指導法の影響もあるだろうし，自分が尊敬する先輩教員や同僚が実践する指導法の影響もあるだろう。自らが「これだ！」と信じる指導法を持つということは重要なことだが，どのような学習者，どのような場面にも通用する万能薬的指導法があるわけではない。学習者の多様性と向き合うためには，教師の側にも多様性（多様なアプローチによる指導）が求められる。

　教科書の本文を使って英語の授業を行う場合の例を挙げてみよう。

(1) 本文の内容を理解するうえで重要な単語を事前に確認したり，わからなかった単語や表現をノートにまとめたりする。【主なスタイル：個人型，視覚型】

(2) 本文を4〜5つのパートに分けた紙と4〜5名からなるグループを作る。各生徒はランダムに配布された紙に書かれた自分のパート内容をグループ内で読み上げる，または英語で要約する。その後，他のメンバーと協力しながら，それぞれのパート内容を元の順番に並べ替える。【グループ型，聴覚型，触覚型】

(3) 教師は教科書からランダムに文章を抜き出し，読み上げる。ただし，最後まで言い切らず，文末の少し手前など途中で止める。各生徒は次に来る単語やフレーズを予測する。【聴覚型】

(4) 本文の一部を抜き出し，"Running Dictation"（Davis & Rinvolucri, 1988）を行う。具体的には，基本3名1グループになり，読む人（Reader），走る人（Runner），書く人（Writer）のいずれかの役割を担当する（役割は途中交代あり）。読む人，書く人はできるだけ離れて（教室の端と端などに）配置する。読む人は走る人に英文を読み聞かせる。走る人はそれを覚えて，書く人のところまで走り，内容をそのまま伝える。書く人はその内容を紙に書き出す。走る人は伝え終わったら，読む人のところまで戻り，次の英文を使って同様のことを繰り返す。イメージとしては，英語版伝言ゲーム。【運動型，触覚型】

このように多様な学習スタイルにマッチした活動を取り入れることによって，学習者の多様性に応じた授業を展開することができる。

実際，こういった主張を実験によって検証しようとした研究もいくつか見られる。具体的には，語彙（Tight, 2010），リーディング（Daoud, 2008; Rassaei, 2015），リスニング（Yeldham & Gao, 2021）などを対象とした研究である。Tight（2010）は3つの異なる条件（マッチ，ミスマッチ，混合）で語彙学習を行い，その効果を直後，1週間後，1ヶ

月後に語彙テストを用いて検証した。その結果，条件によって有意な効果が見られ，混合型の指導において最大の学習効果と語彙の保持が確認された。このことは，複数の学習スタイルを取り入れた指導は個人の好みだけに合わせるよりも有益な可能性があることを示唆している。

　同様に，Yeldham and Gao（2021）は先述した適性処遇交互作用の枠組みに基づき，学習者の認知スタイル（包括型（global）あるいは分析型（analytic））とリスニング指導法（トップダウン型あるいはボトムアップ型）のマッチングが学習成果を高めるかどうかを検証した。成果については，リスニング能力だけでなく，学習方略や動機づけなど多角的な観点から調査が行われた。その結果，著者らは学習者の認知スタイルと指導方法のマッチングの効果について，「それを支持する十分な証拠が得られた」（... the study found sufficient evidence to support the hypothesis; p. 11）と結論づけている。

　一方，上記のような指導に対して，別のアプローチを推奨する研究もある。例えば，Salomon（1984）では，学習者が好むスタイル（感覚性向）に合致した指導を受けたグループとそうでない指導を受けたグループにおける指導後のテスト結果を比較したところ，前者が必ずしも優れた結果を残したわけではなかったことを報告している。また，その理由として，

(1) 学習者のパフォーマンスに影響を与える重要な要因は，彼らが目前の課題に対して投じた努力の量であること
(2) 自らが得意とするスタイルで指導を受けた場合，学習者は自分の能力を過信してしまうことがあること
(3) その結果，努力の量が不十分になってしまい，期待した学習成果が得られない可能性があること

を指摘している。じつはこれと類似した研究結果や主張は他にも見られ（例：Feldon, 2005; Mayer & Massa, 2003; Willingham, 2005），学習者

が得意とするスタイルで指導することが高い学習成果に結びつくといった主張は，研究者間で必ずしも合意が得られているわけではない。

　代わりに，これらの結果から得られた知見は，指導スタイルと合致させなければならないのは学習者の学習スタイルではなく，学習内容をもっとも効果的に伝えられるスタイルだということである。例えば，英語の発音について学ぶ際には音を使った活動が必要不可欠であり，複雑な文法事項について学ぶ際には日本語による説明を取り入れた方が理解しやすいことが多いだろう。つまり，扱う内容に応じて，それを効果的に学習・指導できる方法を取捨選択すべきだということである。

　以上のことをまとめると，「多様なアプローチによる指導」と言う場合，そこには「多様なスタイルを取り入れた指導」と「対象とする学習内容にマッチした指導」という少なくとも2つの考え方があると言える。私はこの2つのアプローチは「料理」にたとえられると考えている。前者は，いわば「幕の内弁当」のようなもの。言うまでもなく，白飯と数種類の副食からなる弁当であり，副食には焼き魚や玉子焼き，揚げ物，煮物などが含まれるのが一般的であろう。このような弁当には，多くの人が苦手とするものが使われることは少なく（あるいは使われていたとしても，その量が少なく），結果として，幅広い客層に受け入れられる。同様に，多様なスタイルを取り入れた指導は，多くの学習者が平均的に満足できる可能性が高い。ただし，こういった料理（授業）は，個々の素材（学習者）が持つ特性・個性を十分に活かすことができているだろうか。幕の内弁当と聞くと，何となく漠然としたイメージは湧くかもしれないが，それが鮮明な記憶として私たちのなかに残っていることは必ずしも多くないのではないか。

　それに対して，後者，すなわち対象とする学習内容にマッチした指導とは，料理で言えば素材の良さや持ち味を最大限に引き出した料理（上記と対比させるなら，「旬のおすすめ弁当」）のようなものである。例えば，春が旬の春キャベツは水分が多く甘みが強いため，サラダなどには向いているが，野菜炒めなどの加熱料理には向かない。秋には脂ののっ

た秋刀魚を塩焼きで，冬には旬の生ガキをおろしポン酢でいただきたい。旬の食材は栄養価も高く，例えば，冬が旬のほうれん草は夏の時と比べると，栄養価は2倍以上だと言われている。このように食材にはその食材の良さを最大限に活かす食し方があるが，それが可能な期間やタイミングは非常に限られている。

　同様に，学習内容・学習教材についても，その素材の特性を最大限に活かすことができる扱い方というものがあるはずだ。例えば，時事的な話題というのは旬の食材と同じく「鮮度」が大切であり，普段はそれほど注目されない話題であったとしても，タイミングよく授業で扱うことによって，多くの学習者の興味・関心を引く内容へと変容させることができる。

　これらのことから，私たち教師が目指すべき理想の指導スタイルとは，先述した2つのアプローチをバランスよく取り入れた指導法だと考えられる。つまり，目前の学習者の多様な学習スタイルにマッチした学習活動とともに，対象とする学習内容・学習教材の特性をもっとも活かすことができる学習活動，これら2つのバランスをうまく取りながら授業をデザインすることにより，学習者の個性・適性を最大限に活かした指導実践が可能となる。

　では，今度は学習者の立場から考えた場合，どのようなことが言えるだろうか。学習者も教師と同様，何もなければ，自分が慣れ親しんだ学習スタイルに偏った学習をしてしまいがちになる。しかし，そのスタイルは個々の学習者の個性や適性を最大限に活かすことができているのか，あるいは目前の状況にもっとも効率的に対処するのに適したスタイルなのかは必ずしも定かではない。

　私たちは学校や職場において，さまざまな状況（スタイル）で勉強や仕事をすることが求められる。大切なことは，状況に応じて，自らのスタイルを柔軟に変えられることである。先述したように，私は自分のことをどちらかといえば内向的な人間だと考えているが，授業に向かう際には頭のどこかにあるスイッチを押して，外向的な人間として教壇に上

がっているような感覚がある。はじめは苦痛で慣れないと思っていた役割も，繰り返しているうちに徐々にその面白みも体験できるようになってきた。いつものり弁はたしかに美味しいが，そればかり食べていては栄養も偏るだろうし，そもそも舌が肥えていかないであろう。たまには苦手だと思う食材にも挑戦してみることで，思わぬ発見や新たな気づきが生まれることもある。学習スタイルの「食わず嫌い」が克服できれば，自らの学習活動の幅も広がるはずである。

　第二言語習得研究では，学習スタイルを柔軟に変えられる能力を「スタイル拡張」（style stretching）と呼んでおり，その重要性は繰り返し指摘されてきた。Cohen and Dörnyei（2002）では，学習者が過去に抵抗を持っていた学習法を取り入れるために，時間をかけてスタイル拡張に取り組むことを奨励している。Oxford（2011）は，学習者は特定のスタイルに対してこだわりを持つ傾向にあるが，それは決して変化しないものではないこと，Wong and Nunan（2011）は，優れた学習者の特徴の1つとして，「学習スタイルの柔軟性」を挙げている。

　さらに近年，このような主張を実証的にサポートする研究成果も得られている。Griffiths and Inceçay（2016）ではトルコの大学生英語学習者106名を対象に，スタイル拡張と学習成果との関連を調査している。学習スタイルに関する質問紙（計18種類のスタイルを対象）と4技能を含む英語テストに基づく調査の結果，高い学習成果を上げている学習者が用いる学習スタイルのバラエティ（好んで使用するスタイルの幅）は，低い学習成果に留まっている学習者の約2倍近くであったことを明らかにしている。このことは英語を得意とする学習者は状況に応じて多様なスタイルを柔軟に使い分けていること，言い換えれば，彼らはより折衷的に学習スタイルを用いている可能性が高いことを示唆している。

　以上見てきたように，学習スタイルはどちらかと言えば安定的であまり変化しない要因のように思われがちだが，状況によっては十分に可変性を発揮する要因であることがわかる。Cohen（2012）は訓練によっ

て自らの快適な領域（comfort zone）を広げていくことを勧めているが，そのような試みによって学習の幅は大きく広がるに違いない。

では，私たちは自らの学習スタイルをどのように拡張していけばよいのだろうか。次節では本章のまとめとして，学習スタイルを拡張するトレーニング方法を紹介したい。

7.6. 学習スタイルを拡張する方法とは？

本節では，自らの学習スタイルを意識的に，できるだけ無理なく拡張するトレーニング方法を紹介する。トレーニングの大枠は，以下の5つの活動から成り立つ。

①自分の好みの学習スタイルを明らかにする。
②英語の4技能を得意とする順にランク付けする。
③得意／不得意なスタイルと不得意／得意な英語スキルをマッチングする。
④上記（③）に基づいた学習内容を選定し，実際に学習を行う。
⑤学習の振り返りを行う。

まず，①では既存の学習スタイル診断表を利用して，自らが習慣的に用いている学習パターンを明らかにする。ここでは，先に取り上げたReid（1987, 1995, 1998）のPLSPQのほか，コーヘンらによるLearning Style Survey（Cohen et al., 2002），あるいはインターネット上で簡易に実施できる「オンライン版学習スタイル診断」（http://www.kandagaigo.com/elp/style/index.html）などさまざまな診断表を利用できる。ここで自らの大まかな学習スタイルを特定しておく。

②では英語の4技能のうち，自分がもっとも得意だと感じているスキル順にランキングを付ける（例えば，（1）リーディング→（2）リスニ

ング→（3）スピーキング→（4）ライティングなど）。このランキングはあくまで自己評価であり、必ずしも実際の能力を正確に反映したものである必要はない。

③ではこれまでに得た情報（①と②）に基づき、得意な学習スタイルと不得意な英語スキル、ならびに不得意な学習スタイルと得意な英語スキルをマッチングさせる（例えば、得意な個人型・視覚型の学習スタイルを、苦手なスピーキングと組み合わせる）。

④ではこのマッチングの結果に基づいた学習内容を自ら選定し、実際に英語の学習活動を行う。

ここで得意なスタイルと不得意なスキル、不得意なスタイルと得意なスキルを組み合わせるというのが、このトレーニング方法の肝である。一般に、私たちは何も意識しなければ、得意なスタイルで得意とするスキルを学習しがちである。例えば、「個人型・視覚型」の学習スタイルを好み、「リーディング」を得意とする学習者であれば、どうしても1人で黙々と机に向かって、教科書や参考書を繰り返し読むといった時間が長くなってしまう。もちろん、これ自体が悪いというわけではないが、学習者が自分自身の学習の幅を広げていくという観点からすれば、必ずしも理想的とは言えない。

一方で、不得意なスタイルで不得意とするスキルを学習するというのは負荷が高すぎる。学習というのはそもそも楽しくなければ、なかなか継続することは難しい。英語学習が一定程度の時間と努力を必要とする活動である以上、できるだけ快適な形で学習を続けられる工夫が必要になる。

そこで効果を発揮するのが、得意／不得意なスタイルと不得意／得意な英語スキルのマッチングである。これなら、たとえ不得意なスキル（例えば、ライティング）であっても、得意なスタイル（例えば、グループ型）と意識的に組み合わせ、グループで役割分担をしたり、お互いにコメントをしながら課題に取り組んだりすることで、苦手意識を軽減させながら勉強することが可能になる。同様に、不得意なスタイルが運動型、

得意なスキルがリーディングの場合，教科書などで読んだことをどんどんノートに書き出すようにしたり，新しく身につけた知識を友達に紹介するようにしたりといったことができる。

このような学習を行った締めくくりとして，⑤では学習全体の振り返り活動を行う。ここでは特定のスタイルとスキルの組み合わせによる学習の効果を自己評価する。例えば，学習の達成度（上手くできたかどうか），難易度（難しかったかどうか），結果の分析（なぜ，上手くできた／できなかったのか），今後の課題（次回はどのようなことに気をつけようと思うか）などについて振り返りを行う。

上記のような活動を継続的に行うことにより，学習スタイルを拡張するトレーニングが可能になる。すでに述べたように，私たちはできるだけ自分のスタイルでいられる場所と時間を好むし，それがもっとも普通で自然なことだと思う。一方，他者とコミュニケーションを取っている時に「あれ，何か違うな」と感じることもあるだろう。そんな時，ひょっとするとその原因はスタイル上の不一致にあるのかもしれない。自らが心地よいと感じるスタイルを意識的に変えるというのは，それほど容易なことではない。しかし，紹介したようなトレーニングを行うことで，そのハードルを少しは下げられるはずである。

私たちは相手のことを知らないと思うと，どうしても不安や恐怖を感じてしまうが，相手の立場を経験し理解を深めると，その相手に対する許容度は一挙に大きくなる。一歩踏み出したその先には，まったく違った世界が広がっていることも少なくないはずである。

＊　＊　＊

外国語（英語）を学ぶことの最大の目的は，異なる言語や文化を持つ人とつながることであろう。しかし，いざつながろうと思ったとたんに経験するのが，言語だけでなく，思考様式，行動様式などさまざまな「スタイル」の違いである。本章の冒頭で紹介した Keirsey and Bates

（1984）を改めて引用するまでもなく，私たちはあらゆる面で異なっているが，異なる言語や文化を持つ人との違いとなるとなおさらである。そのような違いを乗り越え，お互いを理解し，尊重し合えるようになるためにはどうしたらよいのか。自らのスタイルを拡張し，多様なスタイルに適応できる素地を身につけておくことは，英語学習を効率化してくれる以上の意味を持つはずである。

練習問題

●復習編

(1) Curry (1983) のオニオン・モデルでは，一番内側の層（＝外からあまり影響を受けにくい層）は何にたとえられていますか。

    1. 学習環境，学習活動に対する好み
    2. 情報処理に関わるスタイルの違い
    3. 性格，認知スタイルの違い

(2) 学習者と教師，あるいは学習者と学習教材や学習方法の間に起こる衝突（コンフリクト）は何と呼ばれていますか。また，このような衝突を回避するためにはどのような対策が考えられるでしょうか。

●応用編

本章ではインプット，インタラクション，アウトプットに関する３つの仮説の観点から，内向性と外向性のどちらが言語習得に有利だと推測されるかを検討しました。同様の観点から，グループ型と個人型について検討するとともに，それぞれの特性にあった学習の仕方について考えてみましょう。

文献案内

(1) 河合 靖. (2010).「**学習者の多様性：学習スタイル**」小嶋英夫・尾関直子・廣森友人（編）『英語教育学大系 6　成長する英語学習者：学習者要因と自律学習』(pp. 21-46) 大修館書店.

　外国語（英語）学習に影響を与える学習スタイルのうち，代表的な要因である性格，認知スタイル，感覚性向に焦点をあて，それらの定義や分類，測定方法についてまとめたもの。この論文を読めば，教師や学習者がなぜ学習スタイルに関する知識を身につける必要があるのか，その意義がよく理解できます。

(2) Cain, S. (2012). *Quiet: The power of introverts in a world that can't stop talking.* Crown Publishing Group. 古草秀子（訳）(2013).『内向型人間の時代：社会を変える静かな人の力』講談社.

　現代アメリカ社会には外向型を重視する風潮があることを指摘したうえで，物静かで思索的な内向型の人たちがこれまでの社会を築きあげてきたことを豊富なデータをもとに紹介したもの。本書からは，内向型が持っている「強み」と「魅力」を活かすことが，社会全体にとっても重要だといった強いメッセージを受け取ることができます。

(3) Toyama, M., & Yamazaki, Y. (2020). **Are there effects of a match between learning style and teaching style in an EFL classroom?** *Innovation in Language Learning and Teaching, 14,* 243–258.

　学習スタイルに関するこれまでの研究を概観したのち，学習者の学習スタイルと教師の指導スタイルの間にはどのような（ミス）マッチがあるのか，それは学習者の動機づけや習熟度にどのような影響を与えているのかについて調査したもの。結果として，両者の組み合わせには多様なパターンが見られ，学習成果はスタイルの一致・不一致のみによって規定されているわけではないことが明らかとなった。

英語学習と性別は関係があるのか？

周りを見ていると，英語の勉強は男子よりも女子の方が得意にしているように思います。言語習得において，男女差というものはあるのでしょうか。

　英語学習と性別のことを考える際，まず英語には2つの「性（別）」があることを確認しておく必要があります。1つ目は"**sex**"であり，こちらは生物学的な意味での性，男女（雄雌）の別としての性別を意味します。2つ目は"**gender**"であり，こちらは社会的・文化的役割としての性，ジェンダーのことを意味します。今回のような質問の場合は，前者の性（別）を指すことが多いように思われます。

　私たちは一般的に，小中高では女子は国語や英語，男子は数学や理科が得意というイメージを持っているのではないでしょうか。実際，大学進学においても，男子は理工系，女子は人文系（とくに外国語・国際系）に進む傾向があります。では，本当に外国語は男性よりも女性の方が得意なのでしょうか。

　これまでの研究を見てみると，英語，ドイツ語，フランス語など，いずれの外国語においても，女性は軒並み男性よりも優れた成績を上げる傾向が見られます。したがって，もちろん過度の一般化には注意が必要ですが（例えば，男性社会で，仕事で英語が重視されるような状況では，男性の方が英語テストなどで高いスコアを出すことがある（Ellis, 2008）），全体としては女性優位といったことが確認できます。それでは，なぜこのような違いが生じるのでしょうか。

　1つ目の理由としては，そもそも女性の方が言語学習（母語，外国語を含む）に対して，より肯定的な態度を持っていたり，動機づけが高かったりすることが挙げられます。たしかに言語学習における動機づけと性差の関係を扱った研究では，女性の方が言語そのものや言語学習に対して，より高い動機づけを持っていることが明らかになっています。したがって，言語（学習）

が好きなことから一生懸命に取り組む，必然的に良い成績を上げることが多くなる，その結果，ますますやる気になるといった好循環が生まれている可能性があることは容易に想像がつきます。

もう1つの理由としては，脳にも性差があるということです。白畑ら（2004）では，脳の性差について2つの具体例を紹介しています。第1は「言語処理の場所」です。読者の皆さんもご存知のように，私たちの脳は大まかに言うと2つの部位（左脳・右脳）からできていますが，言語は通常，左脳で処理されています。したがって，男性の場合は言語情報を左脳でしか処理しないのですが，女性の場合は左脳に加え，右脳の一部も活用していると言われています（このことは，外部からの刺激や課題を行うことによって，脳の活動した様子を画像化するfMRIを使った調査でも確認されています）。

第2は「脳梁の大きさ」です。脳梁とは左脳と右脳をつなぎ，情報のやり取りを担っている，いわば左脳と右脳の橋渡し的な役割を担っているところです。この脳梁の大きさにも男女差が見られ，女性の方がより大きい（重い）と言われています。一般に，体重や身長が同じでも脳の重さは女性の方が男性よりも100グラムほど少ない（永江，2002）わけですから，脳梁の大きさの違いは重要な意味を持っていると考えられます。

以上で見てきたように，これまでの研究から言語習得には性差がありそうなこと，男性と女性は異なった脳の使い方をしていそうなことが示唆されます。そこから湧いてくる素朴な疑問のなかには，「もし男女が異なった脳の使い方をしているのであれば，学校教育においては，男女別に学習した方がそれぞれの脳をより活性化させることができるのでは？」といったものもあるでしょう。

もちろん，本書において男女共学，男女別学の優劣を議論することはできません（そもそも成績だけがすべてではありませんし，このことを議論すること自体，私の力量を超えています）。ただし，あくまで英語学習との関連であれば，以下のようなことは言えそうです。

すなわち，現在，学校で行われている多くの英語授業では，文法規則を覚えたり，構文の分析をしたり，訳読をしたりといったように左脳が多用される傾向がありそうです。もともと言語は左脳で処理されるわけですから，このこと自体，ある程度は避けられないかもしれません。しかし，脳梁が左脳と右脳をつないで，情報のやり取りを行っていることからも明らかなよう

に，私たちの左脳と右脳は「1つのチーム」として働いています。つまり，左脳だけに頼った学習は，私たちの脳が持つ潜在的な可能性を十分に引き出していない可能性があります。さらに，これまでの「優れた言語学習者」（Good Language Learners）に関する研究（例：Cohen & Macaro, 2007; Griffiths, 2008）から，彼らは1つの学習方法に拘泥せず，いくつかの方法を柔軟に組み合わせながら学習成果を上げていることがわかっています。

　これらのことから，男女の脳に性差はありそうですが，論理的な思考や理解をつかさどる左脳，直感的なひらめきや想像・創造をつかさどる右脳，両方の脳を状況に応じてバランスよく使った学習を心掛けることが，男女どちらの学習者にとっても大切だと考えられます。

学習者要因研究の今後

　SLA 研究の最前線 1 でも紹介したように，近年の SLA 研究ではこれまで副次的に扱われてきた学習者の個人差にフォーカスし，学習のプロセスや成果と個人差の関係を解明しようとする研究が増えています。Li et al.（2022）では学習者の個人差を構成する要因を 4 つに分類し，表 7-3 のように整理しています。

表 7-3：学習者要因の分類（Li et al.（2022）をもとに作成）

分類	具体的な要因例
認知的（cognitive）差異	言語適性，ワーキングメモリ，学習スタイル，学習方略
能動的（conative）差異	動機づけ，マインドセット，他者と対話する意思（WTC）
情意的（affective）差異	不安，エンジョイメント，自己効力，学習者信念
社会文化的（sociocultural）・人口動態的（demographic）差異	アイデンティティ，年齢

　上記の表から，言語適性，動機づけ，不安などのように，これまでの研究で繰り返し取り上げられてきた要因に加え，マインドセット（過去の経験から，自身の習性として身についた思考様式）やエンジョイメント（学習のプロセスを活性化したり，第二言語でのパフォーマンスを押し上げる感情）のように比較的新しい要因も含まれていることがわかります。また上記以外にも，近年はグリット（SLA 研究の最前線 5 を参照）やエージェンシー（自身の学びに対して，当事者として主体的に責任を持とうとする態度）といった概念なども注目されています。

　勘のよい読者であればお気づきかもしれませんが，これらの要因間には重複する側面（例えば，動機づけとエンジョイメント，マインドセットと学習者信念など）も多々見られます。したがって，今後の研究では

引き続き新たな概念が提案されるとともに，学習者の特徴をより精緻に記述・説明できる要因に注目が集まり，結果として，学習者要因間での淘汰が進むことが予想されます。

　学習者要因研究のもう1つの展望として，今後は多くの要因の組み合わせ（combination）に注目しながら，学習者を包括的に捉えようとする研究が増えていくことが挙げられます。

　第1章（1.3）でも述べたように，従来のSLA研究と同様，本書ではわかりやすさを優先し，個々の学習者要因をそれぞれ別々の章で取り上げてきました。しかし，例えば，実際に高い学習成果を上げるためには，動機づけさえあれば十分でしょうか？　動機づけはあっても，学習の仕方（学習方略）がわからない場合はどうでしょう？　さらに，年齢や言語適性が動機づけや学習の仕方に影響を与えるということはあるでしょうか？　このように考えていくと，個々の学習者要因はそれぞれ密接に（そして，複雑に）絡み合っていることがよくわかります。

　そのような認識から，近年のSLA研究では，「**複雑性理論**」（Complexity Theory），あるいは「**ダイナミックシステム理論**」（Dynamic Systems Theory）と呼ばれる視点から，学習者要因に関する諸概念を捉え直す動きがあります（Dörnyei et al., 2015; Griffiths & Soruç, 2020）。「木を見て森を見ず」といったことわざもありますが，言語学習においても1つの要素だけでは学習成果の決め手にはならないということです。学習者要因の理想の組み合わせや理想のバランスが見つかれば，学習の効率をさらに高めることができるかもしれません。

引用文献

Al-Hoorie, A. H. (2018). The L2 Motivational Self System: A meta-analysis. *Studies in Second Language Learning and Teaching, 8*, 721-754.

青木久美子 (2005).「学習スタイルの概念と理論：欧米の研究から学ぶ」『メディア教育研究』第 2 巻第 1 号, 197-212.

青木直子・中田賀之（編）(2011).『学習者オートノミー：日本語教育と外国語教育の未来のために』ひつじ書房.

青谷正妥 (2012).『英語学習論：スピーキングと総合力』朝倉書店.

Atkinson, R. C., & Shiffrin, R. M. (1971). The control of short term memory. *Scientific American, 225*, 82-90.

Bandura, A. (1977). Self-efficacy: Toward a unifying theory of behavioral change. *Psychological Review, 84*, 191-215.

Bandura, A. (1986). *Social foundations of thought and action: A social cognitive theory*. Prentice-Hall.

Benson, P. (2011). *Teaching and researching autonomy in language learning* (2nd ed.). Longman.

Blackwell, A., & Naber, T. (2006). *Open forum 2: Academic listening and speaking*. Oxford University Press.

Bransford, J. D., & Johnson, M. K. (1972). Contextual prerequisites for understanding: Some investigations of comprehension and recall. *Journal of Verbal Learning and Verbal Behavior, 11*, 717-726.

British Council (2004). *Picture dictation worksheet*. Retrieved from https://www.teachingenglish.org.uk/sites/teacheng/files/teaching-kids-activities-picture-dictation.pdf

British Council (2013). *The English effect: The impact of English, what it's worth to the UK and why it matters to the world*. Retrieved from https://www.britishcouncil.org/research-policy-insight/policy-reports/the-english-effect

Brown, H. D. (2007). *Principles of language learning and teaching* (5th ed.). Pearson Education.

Burgess, L. G., Riddell, P. M., Fancourt, A., & Murayama, K. (2018). The influence of social contagion within education: A motivational perspective. *Mind, Brain and Education, 12*, 164-174.

バトラー後藤裕子 (2015).『英語学習は早いほど良いのか』岩波書店.

Bygate, M. (2005). Oral second language abilities as expertise. In K. Johnson (Ed.), *Expertise in second language teaching* (pp. 104-127). Palgrave.

Carlucci, L., & Case, J. (2013). On the necessity of U-shaped learning. *Topics in Cognitive Science, 5*, 56-88.

Carrell, P. L., Prince, M. S., & Astika, G. G. (1996). Personality types and language learning in an EFL Context. *Language Learning, 46*, 75-99.

Carroll, J. B. (1981). Twenty-five years of research on foreign language aptitude. In K. C. Diller (Ed.), *Individual differences and universals in language learning aptitude* (pp. 83-118). Newbury House.

Carroll, J. B., & Sapon, S. M. (1959). *Modern Language Aptitude Test*. Psychological Corporation.

Carroll, J. B., & Sapon, S. M. (2002). *Modern Language Aptitude Test: Manual 2002 Edition*. Second Language Testing, Inc.

Chen, X., He, J., Swanson, E., Cai, Z., & Fan, X. (2022). Big five personality traits and second language learning: A meta-analysis of 40 years' research. *Educational Psychology Review, 34*, 851-887.

Christenson, S. L., Reschly, A. L., & Wylie, C. (Eds.) (2012). *Handbook of research on student engagement*. Springer.

Coffield, F., Moseley, D., Hall, E., & Ecclestone, K. (2004). *Learning styles and pedagogy in post-16 learning: A systematic and critical review*. Learning and Skills Research Center.

Cohen, A. D. (2012). Strategies: The interface of styles, strategies and motivation on tasks. In S. Mercer, S. Ryan & M. Williams (Eds.), *Psychology for language learning: Insights from research, theory and pedagogy* (pp. 136-150). Palgrave Macmillan.

Cohen, A., & Dörnyei, Z. (2002). Focus on the language learner: Motivation, styles and strategies. In N. Schmitt (Ed.), *An introduction to applied linguistics* (pp. 170-190). Edward Arnold.

Cohen, A. D., & Macaro, E. (Eds.) (2007). *Language learner strategies: Thirty years of research and practice*. Oxford University Press.

Cohen, A. D., Oxford, R. L., & Chi, J. C. (2002). *Learning Style Survey:*

Assessing your own learning styles. Center for Advanced Research on Language Acquisition, University of Minnesota.

Corder, S. P. (1967). The significance of learners' errors. *International Review of Applied Linguistics, 5,* 161-169.

Corder, S. P. (1974). Error analysis. In J. P. Allen & S. P. Corder (Eds.), *The Edinburgh course in applied linguistics* (Volume 3, pp. 122-154). Oxford University Press.

Costa, P. T., & McCrae, R. R. (1992). *Revised NEO Personality Inventory (NEO-PI-R) and NEO Five-Factor Inventory (NEO-FFI) professional manual.* Psychological Assessment Resources.

Cotterall, S., & Crabbe, D. (Eds.) (1999). *Learner autonomy in language learning: Defining the field and effecting change.* Peter Lang.

Cronbach, L. J. (1957). The two disciplines of scientific psychology. *American Psychologist, 12,* 671-684.

Cronbach, L. J., & Snow, R. E. (1977). *Aptitudes and instructional methods: A handbook for research on interactions.* Irvington.

Crystal, D. (1997). *English as a global language.* Cambridge University Press.

Crystal, D. (2006). English worldwide. In R. Hogg & D. Denison (Eds.), *A history of the English language* (pp. 420-439). Cambridge University Press.

Curry, L. (1983). *An organization of learning styles theory and constructs.* ERIC Document (ERIC# 235185).

大学英語教育学会学習ストラテジー研究会（編）(2005).『言語学習と学習ストラテジー：自律学習に向けた応用言語学からのアプローチ』リーベル出版.

大学英語教育学会実態調査委員会（編）(2007).『わが国の外国語・英語教育に関する実態の総合的研究：学生編』丹精社.

Daoud, J. (2008). *The effect of students' perception and matching instruction with cognitive style on secondary stage students' achievement in English literacy skills in Jordan.* Unpublished doctoral dissertation. Amman Arab University.

Davis, P., & Rinvolucri, M. (1988). *Dictation: New methods, new possibilities.* Cambridge University Press.

de Bot, K. (1996). The psycholinguistics of the output hypothesis. *Language Learning, 46,* 529-555.

Deci, E. L., & Ryan, R. M. (1985). *Intrinsic motivation and self-determination in human behavior*. Plenum Press.

Deci, E. L., & Ryan, R. M. (Eds.) (2002). *Handbook of self-determination research*. University of Rochester Press.

DeKeyser, R. M. (2012). Interactions between individual differences, treatments, and structures in SLA. *Language Learning, 62* (Suppl. 2), 189-200.

Dewaele, J. M. (2012). Personality: Personality traits as independent and dependent variables. In S. Mercer & S. Ryan (Eds.), *Psychology for language learning* (pp. 42-57). Palgrave Macmillan.

Dörnyei, Z. (2001). *Motivational strategies in the language classroom*. Cambridge University Press. (ドルニェイ, Z. 著, 米山朝二・関昭典訳 (2005). 『動機づけを高める英語指導ストラテジー35』大修館書店)

Dörnyei, Z. (2009). The L2 Motivational Self System. In Z. Dörnyei & E. Ushioda (Eds.), *Motivation, language identity and the L2 self* (pp. 9-42). Multilingual Matters.

Dörnyei, Z., & Csizér, K. (1998). Ten commandments for motivating language learners: Results of an empirical study. *Language Teaching Research, 2*, 203-229.

Dörnyei. Z., MacIntyre, P., & Henry, A. (Eds.) (2015). *Motivational dynamics in language learning*. Multilingual Matters.

Dörnyei. Z., & Ryan, S. (2015). *The psychology of the language learner revisited*. Routledge.

Dörnyei, Z., & Ushioda, E. (2021). *Teaching and researching motivation* (3rd ed.). Longman.

Duckworth, A. L., Peterson, C., Matthews, M. D., & Kelly, D. R. (2007). Grit: Perseverance and passion for long-term goals. *Journal of Personality and Social Psychology, 92*, 1087-1101.

Dulay, H., & Burt, M. (1972). Goofing: An indicator of children's second language learning strategies. *Language Learning, 22*, 235-252.

Dulay, H., Burt, M., & Krashen, S. D. (1982). *Language two*. Newbury House.

Educational Testing Service (ETS) (2008). *Test and score data summary for TOEFL® Internet-based and Paper-based tests: January 2007-December 2007 Test Data*. Retrieved from http://www.ets.org/Media/Research/pdf/71943_web.pdf

Educational Testing Service (ETS) (2022). *Test and score data summary for TOEFL iBT®: January 2021-December 2021 test data*. Retrieved from https://www.ets.org/pdfs/toefl/toefl-ibt-test-score-data-summary-2021.pdf

Ehrman, M. E. (1996). *Understanding second language learning difficulties*. Sage.

Elabdali, R. (2021). Are two heads really better than one? A meta-analysis of the L2 learning benefits of collaborative writing. *Journal of Second Language Writing*. Advance online publication. https://doi.org/10.1016/j.jslw.2020.100788

Ellis, R. (1994, 2008). *The study of second language acquisition*. Oxford University Press.

Ellis, R. (2005). *Planning and task performance in a second language*. John Benjamins.

Evans, R. (2012). Japan and blood types: Does it determine personality? *BBC News Magazine*, 5 November 2012. Retrieved from https://www.bbc.com/news/magazine-20170787

Eysenck, M. W. (1994). *Individual differences: Normal and abnormal*. Lawrence Erlbaum Associates.

Falout, J., Elwood, J., & Hood, M. (2009). Demotivation: Affective states and learning outcomes. *System, 37*, 403-417.

Feldon, D. F. (2005). Dispelling a few myths about learning. *UrbanEd, 1*, 37-39.

Friedman, R., Deci, E. L., Elliot, A. J., Moller, A. C., & Aarts, H. (2010). Motivational synchronicity: Priming motivational orientations with observations of others' behaviors. *Motivation and Emotion, 34*, 34-38.

Gardner, R. C. (1985). *Social psychology and second language learning: The role of attitudes and motivation*. Edward Arnold Publishers.

Gardner, R. C., & Lambert, W. E. (1972). *Attitudes and motivation in second language learning*. Newbury House Publishers.

Gass, S. (1997). *Input, interaction, and the second language learner*. Lawrence Erlbaum Associates.

Gass, S. (2013). An integrated view of second language acquisition. In S. Gass, J. Behney & L. Plonsky (Eds.), *Second language acquisition: An introductory course* (4th ed.) (pp. 497-519). Routledge.

Gass, S., & Mackey, A. (2007). Input, interaction, and output in second language acquisition. In B. VanPatten & J. Williams (Eds.), *Theories in second language acquisition: An introduction* (pp. 175-199). Lawrence Erlbaum Associates.

グラッドウェル, M. (著), 勝間和代 (訳) (2009).『天才！成功する人々の法則』講談社.(*Outliers: The story of success.* 2008)

Granena, G., & Yilmaz, Y. (2018). Aptitude-treatment interaction in L2 learning: A research synthesis. *Studies in English Education, 23,* 803-830.

Gregersen, T., & Khateeb, A. A. (2022). Motivation contagion: The reciprocal influence of language teachers and learners. In A. H. Al-Hoorie & F. Szabó (Eds.), *Researching language learning motivation: A concise guide* (pp. 153-164). Bloomsbury Academic.

Gregersen, T., & MacIntyre, P. D. (2014). *Capitalizing on language learners' individuality: From premise to practice.* Multilingual Matters.

Griffiths, C. (2003). Patterns of language learning strategy use. *System, 31,* 367-383.

Griffiths, C. (Ed.) (2008). *Lessons from good language learners.* Cambridge University Press.

Griffiths, C., & Inceçay, G. (2016). Styles and style-stretching: How are they related to successful learning? *Journal of Psycholinguistic Research, 45,* 599-613.

Griffiths, C., & Soruç, A. (2020). *Individual differences in language learning: A Complex Systems Theory perspective.* Palgrave Macmillan.

林日出男 (2012).『動機づけ視点で見る日本人の英語学習：内発的・外発的動機づけを軸に』金星堂.

Hazenberg, S., & Hulstijn, J. H. (1996). Defining a minimal receptive second-language vocabulary for non-native university students: An empirical investigation. *Applied Linguistics, 17,* 145-163.

廣森友人 (2006).「学習ストラテジーについて知っておきたいこと」大学英語教育学会学習ストラテジー研究会（編著）.『英語教師のための「学習ストラテジー」ハンドブック』(pp. 5-13) 大修館書店.

廣森友人 (2009).「愛媛大学版英語運用能力判断基準（Can-Do リスト）の精緻化と妥当性の検証」*Annual Review of English Language Education in Japan, 20,* 281-290.

廣森友人 (2010).「動機づけ研究の観点から見た効果的な英語指導法」小嶋英夫・尾関直子・廣森友人（編）.『英語教育学大系6　成長する英語学習者：学習者要因

と自律学習』(pp. 47-74) 大修館書店.

廣森友人 (2022).「動機づけ・学習スタイル・学習ストラテジー」中田達也・鈴木祐一 (編)『英語学習の科学』(pp. 167-183) 研究社.

廣森友人・泉澤誠 (2015).「中高大における英語学習動機づけの発達プロセスとその背景要因」『明治大学国際日本学研究』第 8 巻第 1 号, 37-50.

Hiromori, T. (2021). Anatomizing students' task engagement in pair work in the language classroom. *Journal for the Psychology of Language Learning*, *3*, 88-106.

Hiromori, T., Matsumoto, H., & Nakayama, A. (2012). Profiling individual differences of successful and unsuccessful L2 readers. *The Journal of Asia TEFL*, *9*, 49-70.

Hiromori, T., Yoshimura, M., Mitsugi, M., & Kirimura, R. (2021). Watch your partner's behaviors: Motivation contagion in L2 pair work. *Journal of Pan-Pacific Association of Applied Linguistics*, *25*, 25-47.

Holec, H. (1981). *Autonomy and foreign language learning*. Pergamon.

Housen, A., Kuiken, F., & Vedder, I. (2012). *Dimensions of L2 performance and proficiency: Complexity, accuracy and fluency in SLA*. John Benjamins.

Hu, H. M., & Nation, P. (2000). What vocabulary size is needed to read unsimplified texts. *Reading in a Foreign Language*, *8*, 689-696.

市川伸一 (2013).『勉強法の科学：心理学から学習を探る』岩波書店.

IMF WEO Database (2021). *WEO data: October 2021 edition*. Retrieved from https://www.imf.org/en/Publications/WEO/weo-database/2021/October

Internet World Stats (2020). *Internet world users by language: Top 10 languages*. Retrieved from https://www.internetworldstats.com/stats7.htm

Izumi, S. (2002). Output, input enhancement, and the Noticing Hypothesis: An experimental study on ESL relativization. *Studies in Second Language Acquisition*, *24*, 541-577.

和泉伸一 (2009).『「フォーカス・オン・フォーム」を取り入れた新しい英語教育』大修館書店.

Jacobs, G. (2003). Combining dictogloss and cooperative learning to promote language learning. *The Reading Matrix*, *3*, 1-15.

Johnson, K. (2008). *An introduction to foreign language learning and teaching* (2nd ed.). Pearson Longman.

Johnson, K., & Johnson, H. (Eds.) (1998). *Encyclopedic dictionary of applied linguistics.* Blackwell.

門田修平 (2007).『シャドーイングと音読の科学』コスモピア.

Kadota, S. (2019). *Shadowing as a practice in second language acquisition: Connecting inputs and outputs.* Routledge.

Karpicke, J. D., & Roediger, H. L. (2008). The critical importance of retrieval for learning. *Science, 319,* 966-968.

河合靖 (2000).「外国語自律学習と学習者論」『北海道大学言語文化部紀要』第 38 号, 55-83.

河合靖 (2010).「学習者の多様性：学習スタイル」小嶋英夫・尾関直子・廣森友人 (編).『英語教育学体系 6 成長する英語学習者：学習者要因と自律学習』(pp. 21-46) 大修館書店.

風間喜代三 (1993).『印欧語の故郷を探る』岩波書店.

Keirsey, D., & Bates, M. (1984). *Please understand me: Character and temperament types.* Prometheus Nemesis Book Company.

Kellerman, E. (1985). If at first you do succeed .... In S. Gass & C. Madden (Eds.), *Input in second language acquisition* (pp. 345-353). Heinle & Heinle.

菊地恵太 (2015).『英語学習動機の減退要因の探究：日本人学習者の調査を中心に』 ひつじ書房.

Kim, Y. (2013). Promoting attention to form through task repetition in a Korean EFL context. In K. McDonough & A. Mackey (Eds.), *Second language interaction in diverse educational contexts* (pp. 3-24). John Benjamins.

Kim, Y., & Kim, T. (2013). English learning demotivation studies in the EFL contexts: State of the art. *Modern English Education, 14,* 77-102.

Kim, Y., & Tracy-Ventura, N. (2013). The role of task repetition in L2 performance development: What needs to be repeated during task-based instruction? *System, 41,* 829-840.

小池生夫 (監修・著), 寺内一 (編著), 高田智子・松井順子・財団法人 国際ビジネ スコミュニケーション協会 (2010).『企業が求める英語力』朝日出版社.

国際ビジネスコミュニケーション協会 (2013).「ビジネスシーンでの英語に関する 学習実態・意識調査」Retrieved from http://www.toeic.or.jp/press/2013/ p002.html

近藤愛 (2015).「何が英語学習者の動機づけを下げるのか：学習者の発達段階との関

連から」明治大学廣森ゼミナール卒業研究（未発表論文）

Kormos, J. (2006). *Speech production and second language acquisition.* Lawrence Erlbaum Associates.

Krashen, S. (1977). Some issues relating to the Monitor Model. In H. Brown, C. Yorio & R. Crymes (Eds.), *On TESOL'77* (pp. 144-158). TESOL.

Krashen, S. (1982). *Principles and practice in second language acquisition.* Pergamon.

Krashen, S. (1985). *Input hypothesis: Issues and implications.* Longman.

Ku, P. N. (1995). *Strategies associated with proficiency and predictors of strategy choice: A study of language learning strategies of EFL students at three educational levels in Taiwan.* Unpublished doctoral dissertation, Indiana University.

Kuhl, P. K., Tsao, F., & Liu, H. (2003). Foreign-language experience in infancy: Effects of short-term exposure and social interaction on phonetic learning. *Proceedings of the National Academy of Sciences, 100,* 9096-9101.

Lado, R. (1957). *Linguistics across cultures: Applied linguistics for language teachers.* University of Michigan Press.

Lamb, M. (2017). The motivational dimension of language teaching. *Language Teaching, 50,* 301-346.

Leaver, B. L., Ehrman, M. E., & Shekhtman, B. (2005). *Achieving success in second language acquisition.* Cambridge University Press.

Levelt, W. (1989). *Speaking: From intention to articulation.* MIT Press.

Li, S. (2016). The construct validity of language aptitude: A meta-analysis. *Studies in Second Language Acquisition, 38,* 801-842.

Li, S., Hiver, P., & Papi, M. (Eds.) (2022). *The Routledge handbook of second language acquisition and individual differences.* Routledge.

Lichtman, K., & VanPatten, B. (2021a). Was Krashen right? Forty years later. *Foreign Language Annals, 54,* 283-305.

Lichtman, K., & VanPatten, B. (2021b). Krashen forty years later: Final comments. *Foreign Language Annals, 54,* 336-340.

Lightbown, P. (2000). Classroom SLA research and second language teaching. *Applied Linguistics, 21,* 431-462.

Lindley, R. (1986). *Autonomy.* Macmillan.

Loewen, S. (2021). Was Krashen right? An instructed second language acquisition perspective. *Foreign Language Annals*, *54*, 311-317.

Long, M. H. (1983). Linguistic and conversational adjustments to non-native speakers. *Studies in Second Language Acquisition*, *5*, 177-193.

Long, M. H. (1996). The role of linguistic environment in second language acquisition. In W. Richie & T. Bhatia (Eds.), *Handbook of second language acquisition* (pp. 413-468). Academic Press.

Long, M. H., & Porter, P. A. (1985). Group work, interlanguage talk and second language acquisition. *TESOL Quarterly*, *19*, 207-228.

Lotto, B., & O'Toole, A. (2012). Science is for everyone, kids included. *TED Global 2012*. Retrieved from https://www.ted.com/talks/beau_lotto_amy_o_toole_science_is_for_everyone_kids_included

Lyons, P., Orimoto, S., & Hiromori, T. (Eds.) (2007). *Fundamentals of effective speaking*. Seibido.

Masgoret, A. M., & Gardner, R. C. (2003). Attitudes, motivation, and second language learning: A meta-analysis of studies conducted by Gardner and associates. *Language Learning*, *53*, 123-163.

Matsuda, S., & Gobel, P. (2004). Anxiety and predictors of performance in the foreign language classroom. *System*, *32*, 21-36.

Matsumoto, M. (2009). Second language learners' motivation and their perceptions of teachers' motivation. Paper presented at *the international conference on teaching and learning in higher education 2009: Quality learning in higher education*. Kuala Lumpur, Malaysia.

Matsumoto, M. (2011). Second language learners' motivation and their perception of their teachers as an affecting factor. *New Zealand Studies in Applied Linguistics*, *17*, 37-52.

松村昌紀 (2009).『英語教育を知る 58 の鍵』大修館書店.

Mayer, R. E., & Massa, L. J. (2003). Three facets of visual and verbal learners: Cognitive ability, cognitive style, and learning preference. *Journal of Educational Psychology*, *95*, 833-846.

Mercer, S., & Dörnyei, Z. (2020). *Engaging language learners in contemporary classrooms*. Cambridge University Press. (マーサー, S.・ドルニェイ, Z. (著), 鈴木章能・和田玲 (訳) (2022).『外国語学習者エンゲージメント：主体的学びを引き出す英語授業』アルク.)

三木谷浩史 (2012).『たかが英語！』講談社.

Mitchell, R., Myles, F., & Marsden, E. (2019). *Second language learning theories* (4th ed.). Routledge.

Miura, T. (2010). A retrospective survey of L2 learning motivational changes. *JALT Journal*, *32*, 29-53.

文部科学省 (2013).『グローバル化に対応した英語教育改革実施計画』Retrieved from https://www.mext.go.jp/b_menu/houdou/25/12/__icsFiles/afieldfi le/2013/12/17/1342458_01_1.pdf

文部科学省 (2022).『令和 3 年度「英語教育実施状況調査」の結果について』 Retrieved from https://www.mext.go.jp/a_menu/kokusai/gaikokugo/ 1415043_00001.htm

Morgan-Short, K. (2021). Considering the updated Input Hypothesis from a neurolinguistic perspective: A response to Lichtman and VanPatten. *Foreign Language Annals*, *54*, 324-330.

Morley, J. (1991). Trends and developments in listening comprehension: Theory and practice. In J. E. Alatis (Ed.), *Georgetown University Round Table on Language and Linguistics 1990: Linguistics, language teaching, and acquisition: The interdependence of theory, practice, and research* (pp. 317-337). Georgetown University Press.

村野井仁 (2006).『第二言語習得研究から見た効果的な英語学習法・指導法』大修館 書店.

永江誠司 (2002).「子どもの脳の発達：神経発達心理学序論 (I)」『福岡教育大学紀要』 第 51 号, 207-216.

Nation, I. S. P. (2013). *Learning vocabulary in another language* (2nd ed.). Cambridge University Press.

Nation, I. S. P., & Waring, R. (1997). Vocabulary size, text coverage and word lists. In N. Schmitt & M. J. McCarthy (Eds.), *Vocabulary: Description, acquisition and pedagogy* (pp. 6-19). Cambridge University Press.

縄田健悟 (2014).「血液型と性格の無関連性：日本と米国の大規模社会調査を用いた 実証的論拠」『心理学研究』第 85 巻第 2 号, 148-156.

Norris, J. M., & Ortega, L. (2000). Effectiveness of L2 instruction: A research synthesis and quantitative meta-analysis. *Language Learning*, *50*, 417-528.

大谷泰照 (2007).『日本人にとって英語とは何か：異文化理解のあり方を問う』大修 館書店.

Oller, J. W. (1976). Evidence for a general language proficiency factor: An expectancy grammar. *Die Neueren Sprachen*, *75*, 165-174.

Oxford, R. L. (1990). *Language learning strategies: What every teacher should know*. Newbery House. (オックスフォード, L. 著, 宍戸通庸・伴紀子訳 (1994).『言語学習ストラテジー：外国語教師が知っておかなければならないこと』凡人社)

Oxford, R. L. (2011). *Teaching and researching language learning strategies*. Pearson Longman.

Peacock, M. (2001). Match or mismatch? Learning styles and teaching styles in EFL. *International Journal of Applied Linguistics, 11*, 1-20.

Piechurska-Kuciel, E. (2020). *The Big Five in SLA*. Springer International Publishing.

Plonsky, L. (2011). The effectiveness of second language strategy instruction: A meta-analysis. *Language Learning, 61*, 993-1038.

Prentice Hall Inc. (2008). *The Prentice Hall Atlas of world history* (2nd ed.). Pearson/Prentice Hall.

PricewaterhouseCoopers (PWC) (2017). *The world in 2050: The long view— How will the global economic order change by 2050?* Retrieved from https:// www.pwc.com/gx/en/world-2050/assets/pwc-the-world-in-2050-full-report-feb-2017.pdf

Rassaei, E. (2015). Recasts, field dependence/independence cognitive style, and L2 development. *Language Teaching Research, 19*, 499-518.

Reid, J. M. (1987). The learning style preferences of ESL students. *TESOL Quarterly, 21*, 87-111.

Reid, J. M. (Ed.) (1995). *Learning styles in the ESL/EFL classroom*. Heinle & Heinle.

Reid, J. M. (Ed.) (1998). *Understanding learning styles in the second language classroom*. Prentice Hall Regents.

Riby, L., & Riby, D. (2006). Glucose, ageing and cognition: The Hippocampus Hypothesis. In S. B. Jimnez (Ed.), *Ageing, cognition, and neuroscience* (pp. 79-92). Universidad Nacional De Educacin a Distancia.

Rubin, J. (1975). What the "Good Language Learner" can teach us. *TESOL Quarterly, 9*, 41-51.

阪田陽樹・榎本奈緒・渡辺実佳 (2014).「ペアワークによる語彙学習」明治大学廣森ゼミナールグループ研究（未発表論文）

佐野富士子・岡秀夫・遊佐典昭・金子朝子（編）(2011).『英語教育学大系5　第二言語習得：SLA 研究と外国語教育』大修館書店.

Salomon, G. (1984). Television is "easy" and print is "tough": The differential investment of mental effort in learning as a function of perceptions and attributions. *Journal of Educational Psychology, 76,* 647-658.

Sato, M., & Lara, P. (2019). Interaction vision intervention to increase second language motivation: A classroom study. In M. Sato & S. Loewen (Eds.), *Evidence-based second language pedagogy: A collection of instructed second language acquisition studies* (pp. 287-313). Routledge.

Sawyer, M. (2007). Motivation to learning foreign language: Where does it come from, where does it go? 『言語と文化（関西学院大学紀要）』第10号, 33-42.

Schachter, J. (1974). An error in error analysis. *Language Learning, 27,* 205-214.

Schumann, J. (1978). The acculturation model for second language acquisition. In R. Gingras (Ed.), *Second language acquisition and foreign language teaching* (pp. 27-50). Center for Applied Linguistics.

Selinker, L. (1972). Interlanguage. *International Review of Applied Linguistics, 10,* 209-231.

Sharwood Smith, M. (1993). Input enhancement in instructed SLA: Theoretical bases. *Studies in Second Language Acquisition, 15,* 165-179.

柴田美紀・横田秀樹 (2014).『英語教育の素朴な疑問』くろしお出版.

下仲順子・中里克治・権藤恭之・高山緑 (1999).『NEO FFI 人格検査（大学生用）』東京心理株式会社.

下仲順子・中里克治・権藤恭之・高山緑 (2011).『日本版 NEO-PI-R, NEO-FFI 使用マニュアル改訂増補版』東京心理株式会社.

塩見佳代子 (2007a).『英語 de ハローワーク（1）：国際舞台で活躍する人の英語コミュニケーション術』文理閣.

塩見佳代子 (2007b).『英語 de ハローワーク（2）：専門分野で活躍する人の英語コミュニケーション術』文理閣.

白畑知彦 (編著), 若林茂則・須田孝司 (著) (2004).『英語習得の「常識」「非常識」：第二言語得研究からの検証』大修館書店.

白井恭弘 (2008).『外国語学習の科学：第二言語習得論とは何か』岩波書店.

Suzuki, W., & Storch, N. (2020). *Languaging in language learning and teaching: A collection of empirical studies.* John Benjamins.

Suzuki, Y., & DeKeyser, R. (2017). Exploratory research on second language practice distribution: An Aptitude×Treatment interaction. *Applied Psycholinguistics, 38,* 27-56.

Swain, M. (1985). Communicative competence: Some roles of comprehensible input and comprehensible output in its development. In S. Gass & C. Madden (Eds.), *Input in second language acquisition* (pp. 235-253). Newbury House.

Swain, M. (2005). The output hypothesis: Theory and research. In E. Hinkel (Ed.), *The handbook of research in second language teaching and learning* (pp. 471-483). Lawrence Erlbaum.

Swain, M. (2006). Languaging, agency and collaboration in advanced second language learning. In H. Byrnes (Ed.), *Advanced language learning: The contribution of Halliday and Vygotsky* (pp. 95-108). Continuum.

Swain, M., & Lapkin, S. (1995). Problems in output and the cognitive processes they generate: A step towards second language learning. *Applied Linguistics, 16*, 371-391.

Swain, M., & Lapkin, S. (2002). Talking it through: Two French immersion learners' response to reformulation. *International Journal of Educational Research, 37*, 285-304.

Szudarski, P., & Carter, R. (2016). The role of input flood and input enhancement in EFL learners' acquisition of collocations. *International Journal of Applied Linguistics, 26*, 245-265.

高梨芳郎 (2009).『データで読む英語教育の常識』研究社.

瀧沢広人 (2014).『クラス全員のやる気にスイッチが入る！英語授業のつくり方』学陽書房.

竹橋洋毅・樋口収・尾崎由佳・渡辺匠・豊沢純子 (2019).「日本語版グリット尺度の作成および信頼性・妥当性の検討」『心理学研究』第89巻第6号, 580-590.

達川奎三 (2010).「外国語リスニングにおける話者映像提示の聴解促進効果」『広島外国語教育研究』第13号, 15-31.

Teimouri, Y., Goetze, J., & Plonsky, L. (2019). Second language anxiety and achievement: A meta-analysis. *Studies in Second Language Acquisition, 41*, 363-387.

Teimouri, Y., Plonsky, L., & Tabandeh, F. (2020). L2 grit: Passion and perseverance for second-language learning. *Language Teaching Research.* Advance online publication. https://doi.org/10.1177/1362168820921895

寺沢拓敬 (2020).『小学校英語のジレンマ』岩波書店.

Tight, D. G. (2010). Perceptual learning style matching and L2 vocabulary acquisition. *Language Learning, 60*, 792-833.

Toyama, M., & Yamazaki, Y. (2020). Are there effects of a match between learning style and teaching style in an EFL classroom? *Innovation in Language Learning and Teaching, 14*, 243-258.

Tsuchiya, M. (2006). Profiling of lower achievement English learners at college in terms of demotivation factors. *Annual Review of English Language Education in Japan, 17*, 171-180.

津田ひろみ (2013).『学習者の自律をめざす協働学習：中学校英語授業における実践と分析』ひつじ書房.

植阪友理 (2010).「メタ認知・学習観・学習方略」市川伸一（編).『現代の認知心理学5　発達と学習』(pp. 172-200) 北大路書房.

VanPatten, B., Keating, G. D., & Wulff, S. (Eds.) (2020). *Theories in second language acquisition: An introduction* (3rd ed.). Routledge.

バーダマン, ジェームス・M. (2013).『日本人の英語学習法』中経出版.

Vatz, K., Tare, M., Jackson, S., & Doughty, C. (2013). Aptitude-treatment interaction studies in second language acquisition: Findings and methodology. In G. Granena & M. Long (Eds.), *Sensitive periods, language aptitude, and ultimate L2 attainment* (pp. 273-292). John Benjamins.

Wajnryb, R. (1990). *Grammar dictation.* Oxford University Press.

Wakamoto, N. (2000). Language learning strategy and personality variables: Focusing on extroversion and introversion. *International Review of Applied Linguistics, 38*, 71-81.

ウェブ, ジェイムズ・H・M. (2006).『日本人に共通する英語のミス151（増補改訂版)』ジャパンタイムズ.

Wharton, G. (2000). Language learning strategies of bilingual language learners in Singapore. *Language Learning, 50*, 203-243.

Willingham, D. (2005). Do visual, auditory, and kinesthetic learners need visual, auditory, and kinesthetic instruction? *American Educator, 29*, 31-35.

Wong, L., & Nunan, D. (2011). The learning styles and strategies of effective language learners. *System, 39*, 144-163.

Wulff, S. (2021). Krashen's claims through a usage-based lens. *Foreign Language Annals, 54*, 306-310.

山田剛史・井上俊哉（編)(2012).『メタ分析入門：心理・教育研究の系統的レビューのために』東京大学出版会.

山森光陽 (2004).「中学校 1 年生の 4 月における英語学習に対する意欲はどこまで持続するのか」『教育心理学研究』第 52 巻第 1 号, 71-82.

山森光陽 (2010).「授業との連続性にこだわり見通しと方法を伝える家庭学習指導を」VIEW21［中学版］, 4, 4-7.

Yamamori, K., Isoda, T., Hiromori, T., & Oxford, R. (2003). Using cluster analysis to uncover L2 learner differences in strategy use, will to learn, and achievement over time. *International Review of Applied Linguistics, 41*, 381-409.

Yeldham, M., & Gao, Y. (2021). Examining whether learning outcomes are enhanced when L2 learners' cognitive styles match listening instruction methods. *System, 97*, 1-15.

索引

[著者紹介]

廣森友人 (ひろもり　ともひと)

1975年　北海道滝川市に生まれる
2006年　北海道大学大学院国際広報メディア研究科博士課程修了
現　在　明治大学国際日本学部・大学院国際日本学研究科　教授

主要著書

『英語教師のための教育データ分析入門: 授業が変わるテスト・評価・研究』
　（共著）大修館書店　2004年
『外国語学習者の動機づけを高める理論と実践』多賀出版　2006年
『成長する英語学習者: 学習者要因と自律学習』（編著）大修館書店　2010年
『「学ぶ・教える・考える」ための実践的英語科教育法』（編著）大修館書
　店　2018年
『英語教育論文執筆ガイドブック: ジャーナル掲載に向けたコツとヒント』
　（編著）大修館書店　2020年
Language learning motivation in Japan（第16章執筆）Multilingual Matters
　2013年
Teaching languages off the beaten track（第5章執筆）Peter Lang 2014年
*Insights into teaching and learning writing: A practical guide for early-
　career teachers*（第9章執筆）Castledown Publishers　2023年

主要論文

*JACET Journal, JALT Journal, Annual Review of English Language
Education in Japan*（*ARELE*）など国内学会が発行するジャーナルの他,
*International Review of Applied Linguistics in Language Teaching,
System: An International Journal of Educational Technology and Applied
Linguistics, Journal for the Psychology of Language Learning, RELC
Journal, The Journal of Asia TEFL*など海外のジャーナルにも論文を発
表している。

改訂版　英語学習のメカニズム
——第二言語習得研究にもとづく効果的な勉強法

© Tomohito Hiromori, 2023　　　　　　　　　NDC375／xiv, 207p／21cm

初版第1刷——2023年7月1日

著者————————廣森友人
発行者————————鈴木一行
発行所————————株式会社 大修館書店
　　　　　　　　〒113-8541 東京都文京区湯島2-1-1
　　　　　　　　電話03-3868-2651（販売部）　03-3868-2293（編集部）
　　　　　　　　振替00190-7-40504
　　　　　　　　[出版情報] https://www.taishukan.co.jp

装丁者・イラスト——CCK
印刷所————————広研印刷
製本所————————ブロケード

ISBN978-4-469-24665-0　Printed in Japan

「学ぶ・教える・考える」ための
実践的英語科教育法

酒井英樹・廣森友人・吉田達弘　編著

英語の学習と指導についての知識や技能を，①英語・教育政策編，②学習者要因編，③指導編の3本柱で構成, 読者が自らの学習経験を振り返りながら考える活動を随所に取り入れた。ハンドアウトや URL リンクのコンパニオン・ウェブサイトも充実。

A5 判・336 ページ　定価 2,640 円（本体 2,400 円＋税 10%）

英語教育論文執筆ガイドブック
ジャーナル掲載に向けたコツとヒント

廣森友人　編著

研究論文の基本的な構成や，研究方法別の論文の書き方のポイントを整理し，投稿から掲載までのプロセスに沿って，学会紀要誌に採用されやすい論文を書くためのノウハウを解説。査読コメントに対応した原稿修正方法の具体例も多数紹介。

A5 判・178 ページ　定価 1,870 円（本体 1,700 円＋税 10%）

英語教育用語辞典　第 3 版

白畑知彦・冨田祐一・村野井 仁・若林茂則　著

語学教育誌や専門書に頻出する，英語／外国語教育学や第二言語習得研究に関連する項目についてわかりやすい具体例を示しながらコンパクトに解説。学生から教員まで外国語教育に関わる人すべてに必携の一冊。巻末付録：日本語索引，略語一覧

四六判ビニール装・386 ページ　定価 2,750 円（本体 2,500 円＋税 10%）

2023 年 5 月現在